2012年度北京市教育委员会人文社会科学研究计划面上项目

分裂与融合:我国职业教育组织研究

周雪梅　于继超　等◎著

知识产权出版社
全国百佳图书出版单位

图书在版编目（CIP）数据

分裂与融合：我国职业教育组织研究 / 周雪梅，于继超等著. —北京：知识产权出版社，2015.12

ISBN 978-7-5130-3032-8

Ⅰ.①分… Ⅱ.①周… ②于… Ⅲ.①职业教育—教学组织—研究—中国 Ⅳ.①G719.2

中国版本图书馆 CIP 数据核字(2014)第 225546 号

责任编辑：赵　军　　　**责任出版**：卢运霞

分裂与融合：我国职业教育组织研究

周雪梅　于继超　等◎著

出版发行：知识产权出版社有限责任公司　　**网　　址**：http://www.ipph.cn

社　　址：北京市海淀区马甸南村 1 号（邮编：100088）　　**天猫旗舰店**：http://zscqcbs.tmall.com

发行电话：010-82000860 转 8101/8102　　**发行传真**：010-82000893/82005070/82000270

责编电话：010-82000860 转 8127　　**责编邮箱**：zhaojun@cnipr.com

印　　刷：北京中献拓方科技发展有限公司　　**经　　销**：各大网上书店、新华书店及相关专业书店

开　　本：720mm×1000mm　1/16　　**印　　张**：10

版　　次：2015 年 12 月第 1 版　　**印　　次**：2015 年 12 月第 1 次印刷

字　　数：150 千字　　**定　　价**：38.00 元

ISBN 978-7-5130-3032-8

前　言

本书是北京市教育委员会人文社会科学研究计划面上项目(SM201251638002)《经济转型中的职业教育组织研究——探索我国职业教育合作的组织基础》的理论成果。

职业教育组织问题实际上是个组织合作的问题,即不同的职业教育组织如何进行合作开展教育的问题。在大数据时代,职业教育组织合作的问题日益凸显。没有组织合作,也就没有真正的职业教育。那么,职业教育组织到底有哪些?它们之间关系的现状是什么?职业教育组织为什么要从分裂走向融合?怎样建立职业教育合作的组织体系?这些问题正是本书所要思考和回答的。作为职业院校从事教学的一线教师,作为从事职业教育研究的科研人员,作为职业院校从事教务管理的管理人员,我们从不同的角度提出并思考这些问题,又从各自的视角来回答这些问题,从而让我们的研究从一开始就以合作、多元的姿态展开,并逐步推进。可以说,对于我们这样的一个合作团队,在课题推进的每一步,都包含着观点的分歧与冲突,包含着思想的碰撞与共识。这是一个反复沟通与交流的过程。也许,我们对职业教育的某些观点和思想是存在差别的,但是最终,我们对职业教育组织合作的理解和研究达成了一致,形成了共识。就是说,我们的研究本身就是一个信任与合作的过程,是从冲突、碰撞走向信任、合作的过程。这也正是我们的研究所要揭示的主要观点:我国职业教育组织发展的基本方向就是要从分裂走向融合。

在我国大力发展职业教育的现实背景下,在构建现代职业教育体系的框架中,我们为什么要研究职业教育组织问题?职业教育组织研究的理论意义和现实意义是什么?在导论部分,我们较为深入的分析了课题研究的缘由,课题研究的现实意义和理论意义,交代了课题研究所适用的方法,梳理了课题研究的基本状况,缕清了课题研究的思路,从而使我们的研究能够做到“形散”而“神聚”。可以说,已有的对教育组织和组织合作的研究成果,为现实中职业教育组织研究打开了思路、指明了方向,并为职业教育组织的创新与融合提供了一种理论和实践上的支撑。

如何能从历史和现实两个方面梳理出职业教育组织发展的融合趋势,是我们研究的重点,也是难点。我们在第一部分的写作中,正是基于现实的思考和剖析,从组织结构的范式转变和组织制度的变迁角度来分析中国职业教育组织的现状和未来变革路径。我们重点从职业教育组织制度的历史演变来考察,梳理了职业教育组织关系从身份到契约的演变历程。职业教育组织演变的历史告诉我们,制度建设是我国现代职业教育组织合作的基石,并从历史和现实出发,从社会环境变化和经济转型的视角,论述了我国职业教育组织变革的可行性路径。第二部分我们是从解构与重构的视角,分为两章内容来梳理我国职业教育组织的历史演进和现代发展。第三部分从融合与创新的视角,分为三章内容论述了我国职业教育组织发展的现实路径。

可以这样说,本书的研究是沿着一个从宏观、中观到微观的研究路线来推进的。如果说第一部分的“冲突与分裂”主要是侧重职业教育制度变革的宏观研究,那么,第二部分的“解构与重构”则是侧重职业教育组织变迁的中观分析,而第三部分的“融合与创新”主要是侧重职业教育组织的微观阐述。总之,职业教育组织研究需要剖析我国目前职业教育组织现状,需要把现代职业教育体系的产生与职业教育组织的历史演进联系起来思考,与我国现代国家社会政策的基本特征联系起来思考;需要理解我国职业教育危机以及随之而来的我国政府、教育者、企业在组织理念、制度和实践操作上的范式变化。这就是我们的研究所要论述的主要内容和所要解答的主要问题。

本书由周雪梅副教授提出课题研究的总体框架和基本思路,然后采取分头行动的写作进路。导论部分是由京财贸职业学院副教授周雪梅博士负责完成,第一部分是由北京财贸职业学院于继超副教授、周雪梅副教授负责完成,第二部分是由北京财贸职业学院赵晓燕讲师负责完成,第三部分是由北京财贸职业学院刘华副教授负责完成,在团队反复商讨和修改的基础上,最后由周雪梅博士完成了全书的修改、整合与统稿工作。

在研究过程中，我们得到了北京财贸职业学院院长助理李宇红教授、北京市高师培训中心副主任谢新水博士、北京财贸职业学院高培中心董雪梅主任的指导和帮助。在此，我们对他们无私的帮助表示真诚的感谢。

本书虽经反复修改，几易其稿，由于我们水平有限，难免有不当与错误之处，敬请专家、读者批评指正。

作　者

2015 年 2 月

目　录

解构与重构:我国职业教育组织的历史演变

创新与融合:我国职业教育组织发展的现实路径

导 论

一、研究意义与方法

职业教育组织问题实际上是个组织合作的问题，即不同的职业教育组织如何进行合作开展教育的问题。在大数据时代，职业教育组织合作的问题日益凸显。没有组织合作，也就没有真正的职业教育。那么，职业教育组织到底有哪些？它们之间关系的现状是什么？怎样建立合作的组织体系？我们从理论和实践两个层面，对这些问题进行了反思与回答。

（一）现实意义

职业教育组织合作问题是由职业教育本质属性决定的。职业教育是以培养全面发展的职业人为目标，以传授或培养职业岗位所要求的职业知识、职业技术技能和职业素养为内容，以服务社会职业需求为目的的教育活动。职业教育表现出明显的职业性、实践性和技术性特征。也就是说，职业教育是与生产劳动和社会实践关系最密切的教育形式，能及时反映出社会经济的发展变革、社会职业的发展变化、科技进步和生产力发展的最新成果，体现职业教育满足职业人才需求和满足社会成员终身职业发展需求的价值定位。然而，这一价值定位并非单一的职业教育组织能够实现的，职业教育的特殊性赋予了职业教育组织合作的使命。“职业教育具有‘双中心’教育价值，一个中心是促进人的发展，另一个中心是促进经济社会发展。职业教育‘双中心’价值论是职业教育必须坚持产教结合、职业人才培养必须坚持校企合作的理论基础。在职业教育办学实践中，凡是产教结合、校企合作工作开展不好的职业学校，都是在处理‘双中心’价值上不够协调、有所偏废。”[1]

职业教育组织合作问题是职业教育实践问题。职业教育组织合作是当前各国职业教育改革创新的关键问题。同时，也是当前我国职业教育发展的致命弱点。从现实的观察中我们看到，职业教育存在组织冲突和分裂的现象。这种冲突和分裂阻碍了职业教育的发展，成为当前职业教育发展中亟须解决的问题。2010 年全国高等职业教育改革与发展工作会议指出，合作发展、合作育人、合作办学、合作就业成为当前我国职业教育改革和发展的主线。[2] 组织合作问题已经提到重要日程，成为当前职业教育发展过程中多方关注和重视的问题。

在对实践的观察中，我们发现，20 世纪 80 年代以来，职业教育组织体系实际上在悄然发生着惊天动地的变化。我们党中央、国务院空前重视职业教育，把职业教育作为国家经济和社会发展的重要基础和教育工作的战略重点。《国家中长期教育改革和发展规划纲要（2010～2020 年）》（下文简称为《纲要》）的颁布，汇集行业组织、大中小企业、研究机构、经济界和产业界专家的意见和智慧的《中等职业教育改革创新行动计划（2010～2012 年）》的印发，国家教育体制改革领导小组的成立，全国中等职业教育教学改革创新指导委员会和 43 个行业职业教育教学指导委员会的成立，以及高等职业教育院校归属机构的变化都标志着职业教育在我国教育体系中的重要性和特殊性。职业教育的变化实际上就是现实的反映，社会发展和经济建设凸显了职业教育的地位。那么，如何应对社会现实对职业教育的需要呢？我们可以从量与质两个方面来解决。职业教育量的问题在现有的组织结构体系内是能够解决的，而质的变化，现有的职业教育组织结构体系却无法解决。《国家中长期教育改革和发展规划纲要（2010～2020 年）》对职业教育的改革发展进行了全新的部署，把职业教育提高到前所未有的地位。但是，要实现大力发展职业教育、调动行业企业合作办学的积极性、加快发展面向农村的职业教育和增强职业教育的吸引力这些目标，需要新的环境和政策下的职业教育组织合作的支持。只有职业教育

---

[1] 孙善学：“从职业出发的教育”，《职业与教育》，2011 年第 22 期，第 45－47 页。

[2] 陈希：“在 2010 年全国高等职业教育改革与发展工作会议上的讲话”，中央政府门户网站，2010 年 9 月 15 日。

组织真正实现了合作才能真正引起职业教育性质、结构、制度、运行机制及资源获取各个方面的变化，才能实现《纲要》中职业教育的总体目标——形成现代职业教育体系。

我们从现实的职业教育组织的运行中也看到，凡是运作良好的校企合作、合作教育以及职教集团都有着良好的组织合作机制与制度。反之，运作不成功的职教集团、校企合作、合作教育案例尽管是有很多原因导致的，但暴露出来的组织合作问题是其失败的主要原因。可以说，完善的组织合作机制是职教集团、校企合作、合作教育等组织合作类型或模式得以运行的组织基础和保障。这就促使我们反思：职业教育如何通过组织合作实现可持续发展？如何构建政府、企业、学校多方组织共赢的合作机制？如何从职业教育组织合作的成功案例中总结、提炼好的经验，经由凝练、提升为具有方法论层面上的普适理论？如何从职业教育合作实践中凸显的问题，进行反思、探讨和研究，构建职业教育组织合作行之有效的模式、机制和制度？如何把从实践中凝练出来的理论再运用到实践中，去破解职业教育组织合作难题、指导职业教育可持续合作？通过对职业教育组织的历史演变和合作现状的分析和考察，梳理了职业教育组织合作的制度与效用，从而构建有中国特色的职业教育组织合作路径。

（二）理论意义

在现实实践中，职业教育发展离不开职业教育组织间的合作与互动，但是，作为一个课题来研究职业教育组织合作，从制度变迁的视角进行理性解读，则是职业教育实践呼唤出来的理论任务。从职业教育的现实发展和政府机构的调整变化来看，职业教育的组织体系、机制运行在实践中已经发生了变化和重构，这就需要我们对这一变化和重构进行理论思考和理论研究，从而找出职业教育组织合作的思想基石。一般来说，理论应该是超前于现实并指导现实的，但我们的职业教育组织合作的理论研究已经远远滞后于职业教育组织合作实践。我们应该从职业教育组织变革和制度重建的现实实践中拎出职业教育组织合作所需要的理论基石。因为只有抓住了这种理论基石才能保证职业教育可持续发展的精神动力，才能建构起有特色的职业教育结构体系。这就是本课题研究所要达到的理论目标。

道格拉斯·凯尔纳和斯蒂文·贝斯特认为，“一个视角就是一种观察方法，一种分析特定现象的有利位置或视点。一个视角就是解释特定现象的一个特定的立足点、一个聚焦点、一个位置甚或是一组位置；一个视角就是一个解释社会现象、过程及关系的特定的切入点”。[1] 这里，我们采用制度变迁的理论视角，对职业教育组织的发展现状和历史演变进行理论上的考察和反思，也是对职业教育研究思路上的一种拓展，研究方法上的一种创新。我们将通过对职业教育组织合作理论的回顾和梳理，通过对职业教育组织合作实践的分析和反思，以培养全面发展的职业人为职业教育组织合作的契合点，从冲突与分裂、解构与重构、融合与创新三个维度，建构了分析和解读职业教育组织合作的理论框架。我们认为，职业教育组织合作的本质是基于经济发展赋予的职业教育组织的社会责任，即合作育人；职业教育组织合作的价值追求是基于环境复杂性和不确定性条件下职业教育组织的可持续性发展，即合作发展；在职业教育组织合作的过程中，强调的是如何通过合理、科学的合作模式来运营合作机制等问题，即合作办学。因此，职业教育组织合作研究包括了对合作的环境、内容、结构和要素的关系分析，合作中的动机和条件的全面解读，合作的价值追求、现实选择和实际效用的理性分析、合作的模式和机制运行的探索，以期建构一个指导职业教育组织合作实践的理论框架。也就是说，本研究的理论价值就在于处于社会经济转型的关键时刻，尽可能地厘清职业教育组织发展的现实路径，以便于在历史的进程中，推动职业教育组织发展。

（三）研究方法

研究方法决定我们研究的实际意义。在本研究中，我们将综合采用多种研究方法，以期能够顺利实现我们的研究目标。

1. 比较研究方法

我们对本研究将采用比较研究的方法。西方国家的职业教育发展和中国的职业教育发展置于比较分析的构架中进行阐释，以期达到借鉴和学习

---

[1] 道格拉斯·凯尔纳、斯蒂文·贝斯特：《后现代理论——批判性质疑》，中央编译出版社 1999 年版，第 339 - 340 页。

之目标；我们通过对西方发达国家的职业教育制度和中国职业教育制度的历时性比较和共时性比较分析和研究，来构建属于我们自己的职业教育组织合作路径。

2. 系统分析方法

我们对本研究还采用了一种系统分析方法。“系统着眼于未来，过去只是作为一个瓦解了的框架在追求未来结果方面指导现在的活动。”❶ 系统分析方法要求把研究对象始终作为一个不可分割的整体进行研究，要根据整体内部的部分与部分以及整体与部分、整体与外部环境的相互联系、相互作用的关系来综合的、精确的考察研究对象。我们采用系统分析的方法来分析和梳理职业教育发展过程中组织合作演变的轨迹。

3. 其他研究方法

这些方法主要包括演绎、综合等逻辑思辨方法以及结构功能方法、文献分析方法等。将借鉴制度经济学以及其他相关学科的观点和方法开展跨学科研究。同时会采用专家访谈和咨询等实证研究方法。

二、研究现状与启示

我们以国家图书馆数据库为资源库，进行了全库检索，至今，很少有关于职业教育组织合作问题的研究。在这里，我们仅以国内外学者对组织合作、教育组织与教育组织合作等方面的研究成果为参考，对所能找到的文献进行了梳理和分析，以期从这些已形成的研究成果中获得职业教育组织研究的启示或思路。

（一）组织合作方面的主要研究与启示

组织合作方面的研究包括以企业组织、非政府组织、政府组织和网络组织等为研究对象，从管理学、社会学、政治学等视角展开的理论和实证研究。这类文献丰富，视角多样。我们仅从这些研究中对本研究有较大启

❶ ［美］乔纳森·特纳：《社会学理论的结构》（上），华夏出版社2000年版，第67页。

发和借鉴意义的文献进行梳理，以期找到对职业教育组织合作研究的思路和启迪。

马作宽的《组织合作与竞争》主要以企业组织为研究对象，从企业组织面临的竞争环境入手，阐述了组织从对抗到合作的理论基础，构建了合作竞争的模型和机理以及合作竞争的博弈分析方法；基于合作竞争的视角，作者把组织分为合作型组织、知识型组织、学习型组织、虚拟型组织、流程型组织、团队组织和矩阵型组织，并以合作与竞争对象不同，构建了组织合作与竞争的价值网，组织不但要与供应商和顾客合作，而且，还要与竞争者合作、与互补者合作、与其他利益相关者合作，从而形成竞争与合作的战略联盟，并把这一组织形式看作重要合作竞争的组织形式。作者最后分析了企业组织核心竞争力形成的策略和新时期竞争的原则。作者认为，组织在不同的环境可以分为不同的竞争阶段，有对抗的竞争、宽容的竞争、合作的竞争、超越的竞争等；也可以分为产量、成本、质量、品牌、服务几个竞争阶段。❶ 虽然作者研究的内容与我们的职业教育组织研究的内容相差甚远，但能在职业教育组织合作分析视角提供一些启示，尤其是作者在对竞争阶段进行划分时的分析，给予我们很大的启发，开阔了我们研究视野。

胡平波《网络组织合作创新中知识共享及其协调机制》主要是以网络组织合作创新为视角，探讨了知识共享与网络组织合作创新的关系，网络组织合作创新中知识共享过程，网络组织合作创新中知识共享效率及其评价，网络组织合作创新中知识共享协调机制等问题。其对网络组织合作创新的研究给我们的研究拓展了视野。❷ 目前，职业教育研究确实存在一种确定性的关系。它们都潜在预设了一种确定性的关系：一方面是社会变迁，一方面是所谓现代的职业教育的特定体制和规则结构。这种方法在狭窄的理论研究的视域下是合理的，但是由于学者们只把目标局限在职业教育的制度与规则，阻碍了他们去关注职业教育在发展中出现的动态性特征。具体来说，对于社会变迁引起的对技术人才的需求，政府、学校、企

❶ 马作宽主编：《组织合作与竞争》，中国经济出版社 2009 年版。

❷ 胡平波：《网络组织合作创新中知识共享及其协调机制》，中国经济出版社 2009 年版。

业和个人都会自发组织起来：政府将利用自己的资源，设定目标，推动职业教育的变革。而企业也会在制度的许可范围内建立相应的应对措施，而个体劳动力也将以最小化的成本选择适应这种局面的最佳方案。可以说，在信息社会和大数据时代，网络组织的开放性、复杂性和流动性特征为我们研究职业教育组织及其合作带来了新的思维方式。我们必须打破原来确定性的思维方式，建立开放性的思维方式，才能真正的构建职业教育组织合作的理论框架。

吕人力的博士论文《跨组织合作的价值创造研究》采用跨组织合作生命周期的框架与逻辑顺序深入探讨了跨组织合作从合作之初的价值预期到最终的价值实现的过程，认为在跨组织合作的运作过程中存在实质性的价值损耗，对这一价值“摩擦力”的忽视导致了跨组织合作成功与否的判断偏差。作者将跨组织合作划分为资源收益、规制成本以及跨组织合作能力与管理三个维度，分别对应跨组织合作收益的来源、合作的额外成本以及合作价值最大化（价值损耗“摩擦力”最低）的基础与策略，从而较为全面地分析了跨组织合作的价值创造因素、转化过程及合作策略。[1]《跨组织合作的价值创造研究》所提出的合作生命周期的理论框架、跨组织合作的三个维度以及跨组织合作失败原因（没有达到合作价值预期）的解释和分析将为我们研究职业教育组织合作研究拓宽视野。

汪锦军博士论文《公共服务中的政府与非营利组织合作——条件、模式与制度》从合作的条件、效用、模式三个方面，构建了公共服务中的政府与非营利组织合作问题的分析框架。作者认为，二者合作的条件包括三个：一是逻辑条件，即从抽象和理论层次回答二者为什么合作；二是环境条件，即从不同环境下的二者关系的差异，回答二者在某些地区和国家更容易合作；三是操作条件，即如何才能发生合作。在此基础上，作者构建了二者合作的三大模式和三种合作效用。在对中国的分析上，作者从现实和案例分析出发，指出各种合作类型在中国的适用情况和所遇到的问题，提出中国二者合作进程的主要策略，扩展了对中国现实问题思考的范围和

[1] 吕人力：《跨组织合作的价值创造研究》，厦门大学博士学位论文，2006 年。

角度。[1] 这篇博士论文对组织合作的文献梳理，对西文对组织合作研究的文献梳理，尤其是作者对组织合作关系的变迁、合作关系的国家差异和合作关系的条件、效用和模式的深入分析，给我们的研究提供了文献参考价值和理论启示价值。

张钟汝和范明林合著的《政府与非政府组织合作机制建设——对两个非政府组织的个案研究》，从非政府组织与政府互动关系的角度，在国家法团主义理论背景下，通过非政府组织的个案研究，探讨了政府和非政府组织在社会服务领域中合作机制的建立及其途径。作者认为，“政府与非政府组织的互动关系并非是静止和固定不变的，不同的非政府组织和政府的关系类型犹如一个连续谱系上的不同节点或位置，随着环境的变迁，这种关系类型的位置也会发生改变”。[2] 作者所采用的这种个案研究方法，注重互动、开放和多元关系的深描方式，以及对非政府组织的依附性和自主性之间张力的描述，对于我们的职业教育组织之间关系的研究和职业教育组织如何展开合作的叙述都将起到开阔视野、推动思索、启示思路的重要作用。

Evangelia Berdou《开源码网络中的组织和合作》（*Organization and co-operation in open source networks*）主要是基于一种开源网络的视角，对自由开源软件群体组织及其合作进行了研究。研究以组织学习、劳动分工和商业化之间的联系为主要内容。[3] 相对于普通教育来说，职业教育和组织学习、劳动分工、商业化的联系更为密切。职业教育组织及其合作问题的解决需要考虑学习型社会和学习型组织背景下的组织学习能力、更加复杂和细化的劳动分工带来的影响，以及职业教育与市场化和商业化的关系。作者这种开放性的视角为我们的研究提供了一种参考和借鉴价值。

Roger A. McCain《合作博弈与合作组织》（*Cooperative games and coop-*

---

[1] 汪锦军：《公共服务中的政府与非营利组织合作——条件、模式与制度》，北京大学博士研究生学位论文 2009 年版。

[2] 张钟汝，范明林：《政府与非政府组织合作机制建设——对两个非政府组织的个案研究》，上海大学出版社 2010 年版，第 187 页。

[3] Berdou, Evangelia. Organization and cooperation in open source networks. New York: Routledge, 2009.

erative organizations）运用合作博弈理论来分析和建构组织合作的可能和框架。本书认为，合作博弈理论承认有约束力的协议在有共同利益的人之间选择联合战略。合作组织也可以产生于几乎没有思想体系联系的有相互利益的成员之间。本书介绍了合作博弈理论，探讨了于何种程度合作博弈理论可以帮助我们了解（并可能延长）合作社。特别是把互惠的动机引入合作博弈分析，这可能会提供一个合作博弈理论与合作组织之间的联系。[1]我们认为，实际上，职业教育组织之间的合作也是一种合作博弈的过程，它是合作的各方基于自身的利益，从各方因素综合考虑、并去行动的过程。这种合作博弈理论为我们思考职业教育组织合作打开了理论上的思路。

布林克霍夫认为，“尽管很多人具有合作性关系的认识，同时也赞成促成这种关系的发展，但是对于合作性关系的具体含义究竟是什么，人们却莫衷一是。对于合作性关系的设计和管理等方面，人们无论是在理论上还是在概念框架上，都很少涉及”。因此，他通过对有关合作性关系的文献回顾和梳理，对政府与非政府组织之间合作性关系进行了界定性分析，并对二者合作提炼出两个定义要素：相互依赖性和组织身份，从而对“合作性关系”这一概念加以精练。依据这两个定义要素，他将以一个相对的标准来界定“合作性关系”，同时将它与其他种类的关系，如合同关系、延伸性关系和操纵性关系或逐步吞并性关系等加以区别。这种模型使得各个参与者可以用来估计自己对于合作性方式的相对承受能力，同时，该模型还可以为潜在的合作者们提供一种共同的话语。将这些界定性要素同合作性关系附加的价值联系起来，使得合作者们既可以从工具性角度，也可以从规范性角度，来倡导这种合作性关系。[2]布林克霍夫对“合作性关系”的文献梳理和概念界定为我们的研究提供了重要的参考和启示，尤其他提出的政府与非政府组织之间合作性关系两个定义要素“相互依赖性”和“组织身份”，带给我们深入的思考，在此基础上，我们剖析了职业教育组织分裂的原因，并指出了合作的必要性与可行性路径。

---

[1] Roger A. McCain. Cooperative games and cooperative organizations. The Journal of Socio – Economics. 37 (2008) 6 (December).

[2] Brinkerhoff, Jennifer M. (2002). Government – nonprofit partnership: a defining framework, public administration. Dev. 22, pp. 19 – 30.

以上对“组织合作”不同层面上的研究成果为我们思考职业教育组织及其合作提供了借鉴和参考价值，打开了我们对职业教育组织合作研究的视野，为我们开展研究积累了一定的理论基础。

（二）教育组织方面的主要研究与启示

王孙禺的《高等教育组织与管理》以系统论和组织理论为基础，运用管理学、教育学等多学科的理论，从组织理论、环境系统、行为系统，以及组织变革创新四个部分对高等教育组织体系和管理进行了描述，解读了高等教育组织系统的机构、秩序和变化的复杂性。同时，结合案例分析，为我们理解高等教育组织这个复杂的系统及其管理系统提供了一种分析框架。[1] 这种研究教育组织的开放性视角为我们展开职业教育组织研究打开了思路，提供了职业教育组织合作研究的理论基础。

教育组织范式的研究也是近年来教育理论研究的一个重要方向。这方面的研究以张新平的《教育组织范式论》为代表作品。张新平以教育组织范式为主要分析框架，把西方百年来教育组织理论范式的变迁与发展作了详尽的梳理，他把它们归纳为结构功能主义、教育组织现象学、教育组织批判理论等三种不同范式；他重点阐述了教育组织结构功能主义范式、现象学范式及批判理论范式各自拥有的主要内容、基本观点。张新平的范式研究一方面为我们的思考和研究提供了教育组织理论基础，同时，也是对我们思考职业教育组织研究时的一种警醒。正像他强调的，任何范式都不是完美无缺的，“一种范式既可以是透镜也可以是罩眼物”。我们之所以研究组织理论，是因为“理论是很重要的：按我们的用法，它提供了一种察看方式……提供一些可选择的理论，也就同时意味着提供了一些不同的观点及察看方式。这样做，我们就为更多的反思实践提供了可能，并为理论洞见注入实际行动开辟了道路”。[2]

何福田等人的著作《教育组织系统化经营与系统评鉴》（海外中文图书）以中国台湾的教育组织为考察对象，从提升教育品质入手，探讨了教

[1] 王孙禺：《高等教育组织与管理》，高等教育出版社 2008 年版。

[2] 张新平：《教育组织范式论》，江苏教育出版社 2001 年版，第 21 页。

育组织的经营之道。他认为，系统之特征为体内各部门、各细胞“声气相通、环环相扣”。因此，系统化经营与系统化评鉴，就是要集中精神，针对目标，进行一系列“声气相通、环环相扣”的活动。相反的，任何声气不通，零零散散，不相连贯的活动都不符合系统化经营要求，也不是系统化评鉴的项目。教育组织系统化经营和系统化评鉴是相辅相成的关系，教育组织的系统化经营需要系统评鉴来提升其经营品质。教育组织系统化经营与系统评鉴是提升学校经营品质的重要理念。[1] 何福田提出的系统化理论对我们的职业教育组织及其合作的研究提供了一种启示。

杨振升的《教育组织变革与学校发展研究》（海外中文图书）主要探讨教育组织变革之相关学理，及其对学校实务发展之影响与意义。他主要从以下三个方面对教育组织的变革与学校发展进行了研究：社会环境变革快速，学校教育宜妥为因应；强化学校组织发展，有助于教育革新与进步；重视校长变革领导，有效促进学校之发展；知识管理趋势来临，改变知识创新之形态。[2]

孙宵兵主编的《中国民办教育组织与制度研究》主要是以中国民办教育组织和制度为研究对象，通过大量实证研究和理论分析，本书对中国民办教育的现状和发展，包括中国民办教育体系建立的社会背景、民间教育的发展与规范、民办学校与政府及社会的关系等提出了有价值、有深度的见解。[3] 针对当前的职业教育来说，职业教育组织不仅包括公办职业院校，更多的应该是民办职业院校。然而，在现实中，民办职业院校的生存和发展极其艰难，不少民办职业院校面对激烈的竞争压力，已经难以为继。这促使我们去思考，职业教育组织的生存与发展问题及其职业教育组织间的合作问题。正像福克斯、米勒所说的，合作“使参与者充满活力，使他们能够互动，创造出奇迹和可能的变化”[1]，从而解决民办职业教育组织的生存和发展困境。

---

[1] 何福田等：《教育组织系统化经营与系统评鉴》，国立教育研究院筹备处 2006 年版。

[2] 杨振升：《教育组织变革与学校发展研究》，五南图书出版股份有限公司 2006 年版。

[3] 孙宵兵主编：《中国民办教育组织与制度研究》中国青年出版社 2003 年版。

[1] 福克斯、米勒：《后现代公共行政——话语指向》楚艳红等译，中国人民大学出版社 2002 年版。

曹淑江的《教育制度和教育组织的经济学分析》用经济学理论与方法研究教育领域中的经济问题，阐述了交易、交易费用、契约选择与制度变迁，教育服务的特性和教育交易的特点，学校组织的经济逻辑，市场经济条件下教育中的市场与政府，政府职能的划分与教育体制的逻辑，我国高等教育制度和组织变迁的经济逻辑和我国基础教育体制及其变迁等方面的内容。其中，他对教育制度和组织及其变迁的逻辑的解读，对转轨时期教育制度、教育组织变迁的规律进行的分析，以及市场经济体制下，学校的本质的分析和揭示，为我们研究职业教育组织合作提供了一定理论参考价值。他认为，学校的本质就是一系列契约的联结，是一种广义上的企业组织，教育服务之所以采取学校组织的形式进行生产，在于节约包括度量成本在内的交易费用，其提供各种教育服务、设置各种专业，是为了规避风险，最大化学校的收益。[1]

张弘勋的博士论文《教育组织集体协商之研究》主要是探讨教育组织集体协商的范围、原则、运作历程、可能遭遇的困难和解决之道，并探讨台湾教育组织集体协商的现状和相关意见，根据研究结论提出建议，以供台湾教育组织集体协商之参考。[2] 职业教育组织合作也存在集体协商的问题，张弘勋博士对教育组织合作中集体协商的探讨对于职业教育组织合作研究是有借鉴和启发意义的。

郭庆的博士论文《中国教育中介组织研究：机构诠释与发展对策》从中国教育中介组织的重要作用为起点，重新审视了建立和健全教育中介组织的必要性，并从制度创新高度开展深入研究，为教育改革的发展探索新的可能性。本书在梳理、厘清和评介已有的教育中介组织的理论基础上，从理论与实践结合的角度对教育中介组织的概念、功能、类别、运行机制、问题及成因、对策建议等进行系统而深入的探讨和研究。[3]

鞠光宇的博士论文《营利性高等教育组织办学模式研究》通过对营利

---

[1] 曹淑江：《教育制度和教育组织的经济学分析》北京师范大学出版社 2004 年版，第 275 页。

[2] 张弘勋：《教育组织集体协商之研究》，海外学位论文 2004 年版。

[3] 郭庆，中国教育中介组织研究：机构诠释与发展对策，北京师范大学博士论文 2004 年版。

性高等教育组织创办主体、营利性高等教育组织职能、专业设置特点、营利性高等教育组织与高等教育机构交易的特点等方面进行了较为深入的分析，指出了营利性高等教育组织办学模式和其管理制度的特色与优势。目前，我国职业教育组织中，民办学校的办学模式及其管理制度是否符合营利性教育组织的办学模式和特点？民办职业院校的生存为什么会出现危机？一方面，是涉及职业教育的政策和立法问题，另一方面，也涉及民办职业院校的办学模式和管理制度问题。我们可以从营利性高等教育组织的生成与发展中获取相应启示。❶

罗伯特·G. 欧文斯（Robert G. Owens)《教育组织行为学》以“适应型领导”这个崭新概念统领全书，阐述如何以“适应型领导”的方式保持组织在不稳定的环境中更快地适应变化，何以能更敏锐地对这种变化作出反应，从而更富有成效地开展教育管理工作。本书系统梳理了组织行为学研究的意义、起源、发展历程，通过介绍和解读当代组织理论，组织结构与人的关系、社会系统理论和角色理论，强调了组织的人性维度、组织文化和组织氛围，组织变革中“适应型领导”与团队合作的重要作用。实际上，职业教育组织具备了教育组织所有的特征，教育组织的人性维度为我们思考和建构职业教育组织提供了新的视角，为职业教育组织合作的展开提供了更为深入的理论支撑。❷

总之，无论是国内学者对教育组织和组织合作的研究，还是国外学者对二者的研究，已经在各个层次积累了一些研究成果，这为本课题的研究提供了基本的理论基础和知识基础，我们还可以从这些研究的框架和成果中得到一些启示。虽然，本课题的研究无法从某一个已有的理论或分析框架来分析职业教育组织合作问题，但我们可以从研究的现实问题出发，在已有的各个层次研究成果的基础上，重新建构一个关于职业教育组织合作的分析框架，来回答二者为什么要合作、合作的条件、益处以及合作的模式等问题。

---

❶ 鞠光宇：《营利性高等教育组织办学模式研究》，中国人民大学博士论文，2008 年。

❷ 罗伯特·G. 欧文斯：《教育组织行为学》，华东师范大学出版社 2001 年版。

三、研究思路与创新

本课题是关于我国职业教育组织研究的。我们发现从现代职业教育体系的一个课程的生成过程到课程呈现，都体现了职业教育组织的合作过程。而与现代职业教育组织体系相比，我国的职业教育办学组织长期处于相对分裂的状态。具体说来，一方面学校组织面临着适龄生源减少的困境，另一方面培训市场组织发展迅猛成为了投资的热门选择。通过梳理现有职业教育组织体系的宏观情况，我们发现职业教育组织体系分裂的根本原因在于身份的差异，以及由于身份的差异而造成的组织环境、组织权威和组织中心任务的冲突。因此说，我国目前职业教育的组织面临着从身份到契约的组织变革过程。

（一）研究的思路

在社会经济转型时期，外部经济环境的恶化和人口红利的消失转化为劳动力市场规模与质量的供给压力，这种压力将促使各类职业教育办学组织在危机中寻求变革。在通过组织变革的路上，由于尚未挤满各种利益凝固的利益集团，因此我国职业教育组织的变革将是一个可塑的动态过程。也就是说，在逐渐消失的身份差异的条件下，职业教育组织变革的路径将是多重的。幸运的是，职业教育属于类型教育这一核心理念的统一将会助推职业教育组织变革的步伐；政府政策的中心任务的转变将为职业组织变革迎来政策契机；学校组织的招生困境将使封闭的组织寻求外部机遇；企业组织比其他时刻更加具有参与职业教育的愿望和动力，将为职业教育组织的竞争与合作迎来一个崭新的时刻。具体来说，我们是从以下三个部分展开叙述的。

在导论中，我们较为深入的分析了课题研究的缘由，课题研究的现实意义和理论意义，交代了课题研究所适用的方法，梳理了课题研究的基本状况，缕清了课题研究的思路，从而使我们的研究能够做到“形散”而“神聚”。可以说，已有的对教育组织和组织合作的研究成果为现实中职业教育组织研究打开了思路，指明了方向，并为职业教育组织的创新与融合趋势提供了一种理论和实践上的支撑。

第一部分，课题从组织结构的范式转变和组织制度的变迁角度来分析中国职业教育组织的现状和未来变革路径。我们主要是从以下三章来具体展开我们的研究的。第一章从一个案例引出我国职业教育组织冲突的现象，从现象到本质，剖析了我国职业教育组织分裂的根源和本质：职业教育组织合作制度缺失。第二章从职业教育组织分裂化的特点为切入点，剖析了职业教育组织分裂的直接原因和原因背后的“身份差异”。实际上，职业教育组织的“身份差异”是导致职业教育组织结构失衡和利益冲突的罪魁祸首。第三章从制度变迁的视角阐述了我国职业教育组织分裂的原因。我们从职业教育组织制度的历史演变考察了职业教育组织关系从身份到契约的演变历程。职业教育组织演变的历史告诉我们，制度建设是我国现代职业教育组织合作的基石。第四章从历史和现实出发，从社会环境变化和经济转型的视角，论述了我国职业教育组织变革的可行性路径。

第二部分，课题是从解构与重构的视角，分为两章内容来梳理我国职业教育组织的历史演进和现代发展。第五章是从我国职业教育组织解构的视角梳理了我国职业教育组织历史演进的几个重要阶段和主要特征。第六章是从我国职业教育组织重构的视角，从职业教育组织价值、职业教育管理体制、职业教育组织功能三个方面对我国职业教育组织的重构进行了较为系统的思考和分析，指出了我国职业教育组织重构是社会经济转型期的时代要求和急迫命题。

第三部分，课题从融合与创新的视角，分为三章论述了我国职业教育组织发展的现实路径。第七章从经济转型、全球化进程、知识经济时代三个方面具体分析了我国职业教育组织融合与创新的必要性与可行性。第八章从理念层面论述了如何构建职业教育合作制组织，较为深入的分析了职业教育合作制组织的功能和作用。第九章从职业教育组织机制、办学模式、办学功能和组织教学等方面阐述了职业教育合作制组织构建的现实路径。

可以这样说，本书的研究是沿着一个从宏观、中观到微观的研究路线来推进的。如果说第一部分的冲突与分裂主要是侧重职业教育制度变革的宏观研究，那么，第二部分的解构与重构则是侧重职业教育组织变迁的中观分析，而第三部分的融合与创新则主要是侧重职业教育组织的微观阐述。总之，职业教育组织研究需要剖析我国目前职业教育组织现状的论述，它的根基将被放置在目前我国的劳动力市场和教育匹配的危机中；需要把现代职业教育体系的产生与职业教育组织的历史演进联系起来思考，与我国现代国家社会政策的基本特征联系起来思考；需要理解我国职业教育危机以及随之而来的社会实践标志着我国政府、教育者、企业在组织理念、制度和实践操作上的范式变化。这就是我们的研究所要论述的主要内容和所要解答的主要问题。

（二）研究创新点

1. 组织宏观视角下职业教育组织分析

本书从组织的宏观视角对职业教育组织体系进行传统与现代的比较研究。以往的职业教育涉及组织研究大部分偏重于微观的视角，运用非完全利益共同体的合作博弈分析方法对工学结合等组织合作的具体形式进行利益动机等分析。该类分析虽能管窥职业教育组织体系的一些性质特点，但是对于我国职业教育组织变革的宏观视域容易以偏概全，难有深刻的认识。我们的研究采用全景式视角来认识我国职业教育的组织变革和组织合作。首先，本书分析了宏观视域下职业教育组织的性质和我国职业教育组织的分裂状态。其次，梳理出从传统职业教育组织到现代职业教育组织的变革路径：从分裂到融合、从身份到契约。最后，分析了职业教育组织分裂的身份特征对于组织文化、组织中心任务等组织属性的瓦解，以发现组织合作的必要性原因和可行性路径。这些对于职业教育的改革的政策供给具有一定的理论意义。

2. 职业教育合作制组织的提出和构建

学校、企业和社会力量是现代职业教育组织体系中最重要的办学组织形式。学校、企业、社会力量的功能耦合是建立现代职业教育组织体系的关键。改革开放以来，企业、学校、社会力量的组织形式经历着从传统组织向现代合作制组织的转变。因此，职业教育组织的合作形式也在经历着从以竞争为主向以合作为主的转变。从性质上说，传统的职业教育组织是一个僵化、封闭的系统，其组织关系是基于身份的，以竞争和对抗为前提，在本质上是排斥合作的；现代职业教育合作制组织是一个弹性、开放的系统，其组织关系是基于契约的，以信任和合作为前提，是实现职业教育组织之间有效合作的新型组织形式。因此，我们所面对的困境不在于职业教育组织要不要合作起来的问题，而在于如何去合作，合作到什么程度以及为了什么目的而合作的问题。我们要做的就是如何去改变职业教育组织的身份限制，把这些基于竞争的组织转变成基于合作的组织，促成职业教育组织间的总体融合，构建现代职业教育合作制组织。

冲突与分裂：
我国职业教育组织现状

第一章　管窥我国职业教育的冲突现象

“学数控的小辉被安排在生产线上做手机外壳加工；学汽修的小于被安排去给电脑风扇贴标签……”“在富士康还没学到什么技能，每天就是重复一两个简单的动作，像个机器人一样……”

——王超：《实习生在富士康的日子》

“河南的中高职毕业生并不好找工作，很多都去了一些小企业。在富士康这样的世界五百强企业锻炼一下，如能留下来最好，留不下来也是一个宝贵的经历。中高职学生的家庭，90%的家庭不太理想。这些学生为期3个月的实习能赚到三四千元，对学生自己也是个补贴。”

——河南省教育厅职业与成人教育处处长董丞明

一、从一个案例说起

2010年10月11日《中国青年报》的一篇报道把曾因“连跳事件”而备受争议的“血汗工厂”富士康公司再次推上了风口浪尖。这篇名为《富士康实习风波调查》关注的是职业院校在校生在富士康实习培训所引起的争议。[1] 事情的起因是河南省教育厅下发的《河南省教育厅办公室关于组织中等职业学校学生赴富士康科技集团顶岗实习有关事宜的紧急通知》（以下简称《通知》），《通知》中说，“富士康科技集团是世界500强企

[1] 中青在线－中国青年报2010－10－11，记者王超，载http：//zqb. cyol. com/content/2010－10/11/content_ 3423576. htm。

业，其落户河南，对我省产业结构调整、扩大就业将起到积极的促进作用”“各单位主要领导要亲自过问、亲自部署、亲自落实，分管领导要深入一线具体指导、跟踪问效”。《通知》表示“要坚持自愿的原则”“要合理安排教学计划，对因顶岗实习而影响的课程进度，可以调整到周末或假期予以补足，保证教学计划如期完成”“要尽量组织电工电子、计算机、信息工程等工科类相关专业学生整班整建制地参加顶岗实习”。接到这一通知后，许多职业院校组织大批学生到富士康实习，甚至有些学校并没有采用学生自由自愿的原则，以必修学分的名义，强制学生参与实习，结果引起学生和家长们的质疑。对于这种质疑声音，学校和教育管理部门表示出不同看法。

【学生的态度】不满意被当作廉价劳动力，怀疑培训的质量：学车床专业并且热爱这一行的小唐，在富士康苹果电脑的流水线上实习；学工商管理的小玲被安排在流水线上做操控；学数控的小辉被安排在生产线上做手机外壳加工；学汽修的小于被安排去给电脑风扇贴标签……”“在富士康还没学到什么技能，每天就是重复一两个简单的动作，像个机器人一样……”❶

【教育管理部门的态度】顶岗实习既有收入又能学习，是重要的锻炼机会：河南省教育厅职业与成人教育处处长董丞明接受《中国青年报》记者采访时说，教育部的文件有“中等职业学校学生工学交替、顶岗实习是职业教育教学和培养模式的重要组成部分；半工半读、勤工俭学更是中职学生提高自身修养、做好就业准备的重要形式”的规定。至于组织一个学校的学生一起实习，是因为“便于管理，一个班配备一个老师，即便出去实习了学校也负有责任”。董丞明说，学校在实习动员过程中一直坚持自愿原则，如果有人不愿意去，不能勉强，也不会因为学生不去富士康实习而不发放毕业证。至于专业要求方面，他说文件强调最好对口，但要求学生都是学习电子、计算机的，不太现实。河南的中高职毕业生并不好找工作，很多都去了一些小企业。在富士康这样的世界五百强企业锻炼一下，如能留下来最好，留不下来也是一个宝贵的经历。中高职学生的家庭，

---

❶ 王超：《实习生在富士康的日子》，中国青年报，2010 年 10 月 11 日。

90%的家庭环境不太理想。董丞明说，这些学生为期3个月的实习能赚到三四千元，对学生自己也是个补贴。

【学校的态度】企业实习能够学习操作技能，提高就业机会：郑州市电子信息工程学校校长支德银接受《中国青年报》记者采访时说，一开始并没有这么多学生愿意去，但经过学校动员，后来基本上都是自愿去的。表现优秀的实习生可以直接留在富士康，最后400名学生有28名留了下来。支德银说，企业跟学校的要求不一样，学生们在富士康学到了很多实际操作技能。而且，企业的执行力、组织管理等也让学生受益匪浅。“富士康不像学校，旷课了还可以给你机会，在富士康，旷工了就会被开除。”他说。

【媒体的声音】根据《第一财经日报》的报道称，有一份名为《富士康调研总报告》[1] 调查指出，在富士康的深圳、昆山、太原、武汉、上海厂区，均存在大量滥用学生工的情况，在某些车间，学生工使用率竟高达50%。富士康利用无须跟学生工签正式劳动合同、无须为他们缴纳社保的法律漏洞，大规模使用学生作为廉价劳动力。报告称，富士康甚至强迫学生工超时加班，强制未成年工加夜班。由于缺乏法律保障，在出现工伤时，学生工陷入企业、学校、政府“三不管”的困境中。[2] 报告还指出，虽然这些学生是以实习的名义进入富士康工作，然而他们当中的绝大多数都被电脑随机地分在与自己专业毫不相关的流水线上，而非真正意义上的实习。

《法制日报》的一篇文章指出：实际上富士康的现象不是个例。在2012年，国内主要的人力资源网站前程无忧对大学生实习安全进行了一项专门调查，结果显示：九成实习生遭遇过权益受损；46%的学生自述实习期有上当的经历或感受；27%的学生实习没有签订实习协议。无故辞退、

[1] 《高校调研报告称富士康滥用学生劳动力》，第一财经日报，2010年10月8日。

[2] 该报道称：到富士康实习的学生基本来自一些职业技术学校（技校、中专，也有大专）的二三年级学生。暑期学生工主要来自河南、安徽、湖北、四川的中专院校。大多数的暑期学生工是实习2个月，也有相当一部分是6~7个月，少数为1年，时间最长的学生工签订的合同期限为2年。绝大多数实习生底薪与正式员工一样，都是每月1200元。而几乎所有的学生工受访者都反映没有社会保险。生病后所有医药费必须自己承担。

被迫加班和克扣工资，列大学生实习中权益受损现象前三位。显然，实习生已成为众多企业争抢的对象，正在演变成职场的“小白鼠”，任人宰割。❶

企业实习是否完成了工学结合的培养要求？企业是否在利用学生作为廉价劳动力？这是上述案例中各方争议的焦点问题。要回答这两个问题，我们首先要找到企业实习的规范标准或法律依据。按照现行劳动法规定，实习生不属于真正法律意义上的劳动者，在劳动法中没有关于实习生的特别规定。而在教育法规方面，《中华人民共和国教育法》第四十七条、《中华人民共和国职业教育法》第二十三条和第三十七条分别就职业教育的实习问题进行了法律规定，关于职业院校学生企业实习最完整、最具体的表述应该是在教育部颁发的《中等职业学校学生实习管理办法》（教职成〔2007〕4号）文件，与上述争议有关的规定主要在该办法的第五条、第八条和第十二条。

“第五条　组织安排学生实习，要严格遵守国家有关法律法规，为学生实习提供必要的实习条件和安全健康的实习劳动环境。不得安排一年级学生到企业等单位顶岗实习；不得安排学生从事高空、井下、放射性、高毒、易燃易爆、国家规定的第四级体力劳动强度以及其他具有安全隐患的实习劳动；不得安排学生到酒吧、夜总会、歌厅、洗浴中心等营业性娱乐场所实习；不得安排学生每天顶岗实习超过8小时；不得通过中介机构代理组织、安排和管理实习工作。”

“第八条　实习单位应向实习学生支付合理的实习报酬。学校和实习单位不得扣发或拖欠学生的实习报酬。”

“第十二条　学校和实习单位应当加强对实习学生的实习劳动安全教育，增强学生安全意识，提高其自我防护能力；要为实习学生购买意外伤害保险等相关保险，具体事宜由学校和实习单位协商办理。实习期间学生人身伤害事故的赔偿，依据《学生伤害事故处理办法》和有关法律法规处理。”

根据第五条规定，安排到富士康工厂实习是合乎规定的，但是超过八

❶ 吴睿鸫：《能否给企业实习生做个法律规定》。法制日报，2012年10月16日。

小时的工作时间是顶岗实习所不允许的。根据第八条规定：实习单位应向实习学生支付合理的实习报酬。学校和实习单位不得扣发或拖欠学生的实习报酬，而对于什么是合理的实习报酬语焉不详，因此难以依据学生的报酬的多寡来依法界定是否是雇用廉价劳动力的问题。对于实习中出现的安全问题，第十二条的规定主要是通过购买意外伤害保险来完成，保险费用由学校和实习单位协商办理。

通过以上的法规分析，我们发现现行的法规并不能给予目前出现的实习争议一个明确的答案。在这种情况下，我国职业教育的利益各方——家庭、学校与企业，在企业实习的专业对口问题上，政府和学校皆认为能完全做到，实习本身能够让学生学到课堂上学不到的东西，而学生则坚持认为实习没有达到预期的效果。问题的焦点在于实习的考核是由谁来完成的，各方通过什么渠道能够达成一致。对于实习的报酬问题，学校和企业坚持认为实习生不是技术成熟的工人，提供实习机会本身意味着报酬的一部分，因此实习报酬应该低于普通劳动力的报酬，这在理论上是可行的，但是前提条件是学生能够通过实习提高技能，增加在未来的就业机会和未来的工作收益。如果做不到这一点，那么实习的报酬低于正常劳动力的问题则无从谈起。

那么在职业教育发达的西方国家情况如何呢？以德国为例，目前我国进入企业的实习生类似于德国的学徒。根据德国法律规定，学徒与雇主之间签订的合同不是劳动合同，该合同受 1969 年的《职业培训法》的管辖，但同时《职业培训法》第 10 条第 2 款规定，调整劳动合同的规则和原则都对其适用，除非《职业培训法》明确表示的例外情形或者劳动法的适用与学徒身份的本质和目标有冲突。学徒身份仅仅适用于联邦政府认定为行业目录范围内的职业。政府有权对某个特定的行业的培训架构和培训要求进行调整（尤其是必备的技能和培训项目的顺序）。根据行业的不同，学徒期两到三年不等，并成立了专门的考核委员会；根据《职业培训法》的规定，培训组织采用双重体制：企业内的培训和在专门学校接受的职业培训相结合。企业以及负责培训的人员都必须具有专门资格。这项资格的认定受政府控制。对于企业而言，它们是外设机构，具体的考核内容由该法律规定。考核程序非常详细，并且由于全德国这类考核机构采用相同的组织结构，因为不论在何处见习，职业培训的标准至少在原则上是相同的，这也是这种高度程序化的培训体系享有广泛赞誉的主要原因。

对照中德两个国家关于工学结合的学校中的法律规定，我们可以很容易地看出对于实习的管理方面，我国的法律存在着许多漏洞。这主要体现在对于实习培训的要求、标准、考核和实习的合同管理等方面。要解决各方的冲突与异议，需要各方组织——学校、企业和政府——能够建立沟通协调的平台，并在此平台上建立管理制度，界定各方的权利与义务，而这一切需要职业教育组织的广泛合作。

二、我国职业教育组织的冲突现象

我国正处在社会的转型时期，同时职业教育也正在经历着传统向现代职业教育的转变，在这一时刻，处在职业教育中的组织处于适应或变革中：人们对于职业教育的观念处在新旧更替中；政府的管理模式处在改革调试中；学校在努力的走向合作办学；企业对于职业教育的需求逐步深化；职业培训市场在竞争中逐步扩大——它们在努力地为着自己的目标和利益去努力。这些努力着的组织中的人们构成了职业教育发展的群像，在没有一个预设的坦途的情况下，明天的职业教育就这样孕育在今天的冲突与变革中。

今天的职业教育所引起的冲突现象不仅存在于企业实习问题中，而且职业教育中的学校、企业、社会培训组织和家庭之间对于职业教育的观念认识、市场与合作中都存在着不同程度的冲突现象。“冲突”是变革中的职业教育体系中的常态。根据社会学家科泽（Coser）对冲突的定义，“冲突是针对价值以及关于稀有地位、权力与资源的斗争，斗争双方的目的在于孤立、打击或清除对方”。达伦多夫认为，社会冲突是指有明显抵触的社会力量之间的争夺、竞争、争执和紧张状态。[1] 本书所讨论的职业教育的冲突现象，主要是指在缺乏理念认同的情况下，由于所处的身份与地位

[1] 刘易斯·科塞等：《社会学导论》，杨心恒等译，南开大学出版社 1990 年版，第 555 页。

的差异，所造成的各方组织的不同程度的不信任、难以合作甚至是争执的状态。上述的企业实习的现象就是一个冲突的例子，除此之外，还有一些虽然没有那么激烈，但是却暂时阻断了各方组织合作的冲突现象。

（一）权威冲突

1. 职业教育管理组织的权威冲突

目前我国职业教育管理部门主要有：教育行政管理部门、人保部门、行业主管部门、企业等。人保部与教育部在职业培训教育方面管理交叉的问题尤为严重。从两部门的职能对比来看，教育部主管全国的职业教育、企业职工教育、农村劳动力转移教育、中等成人教育、社会力量办学等。人力资源和社会保障部主管全国的职业培训、企业职工培训、农村劳动力转移培训、劳动预备制培训、社会力量办学等。从上述职能对比可以看出，本应同属于现代职业教育体系的教育与培训却被分隔在两个部门的管辖之下。劳动部门管理的技工院校的生源问题归属于教育部门管辖，教育部门管理的职业院校所学的职业资格证书和就业需要由人保部门管辖。这种职能交叉的管理模式使职业教育资源难以进行整合，难以完全按照教育规律要求和市场机制优化配置，存在着教育资源的浪费。

2. 职业资格证书的权威冲突

职业资格证书是职业教育的一种标准化体系，其管理与运行对于职业教育的发展具有重要的意义。在职业资格证书的管理问题上，我国的职业教育管理体系也存在着管理权限的交叉性。目前，我国的职业资格证书多达百余种，既有人保部、教育部颁发的，也有由行业组织自行组织颁发的。其中既有中央认证，也有地方认证；既有劳动或人事部门认证，也有行业协会认证；既有国内认证，也有国外认证。对职业资格证书的多头认证与管理，由于缺乏统一的规划、标准、管理手段，降低了职业资格证书的含金量和可信度，使职业资格证书变成了利益相关者的牟利手段，而失去了应有的权威性和严肃性。职业资格证书作为职业教育的标准，向雇主传递了教育质量的信息，如果证书不能够有效监管，对于职业教育的管理的影响是巨大的。参照产权理论可以推论，企业雇主是用人单位，是证书体系的直接受益者，如果由企业雇主负责证书的标准制定和考核，而把证书的教育培训交予专业的教育组织来完成，这是一个比较理想的运行机制。这样由于企业雇主对于证书的使用是直接的利益主体，因此会极力保证证书的权威性，而专业教育培训组织为了达到相应的标准存在着竞争办学的激励，会提高职业教育的效率。反之，证书体系的管理权脱离了雇主企业的要求，则从根本上切断了其与劳动力市场天然的联系，管理者并不需要为证书的优劣直接负责，则会使其从自身利益最大化出发，扩大证书的发放，致使资格证书的含金量和可信度降低。我国目前的现状就接近于这种状态，学生取得了很多证书，但是在劳动力市场仍然得不到相应的职位与待遇。而从西方的发展历史看，资格证书体系由雇主组织来管理是比较理想的，职业教育比较发达的国家德国即是如此。

我国职业教育管理职能的冲突性削弱了职业教育与市场、社会的紧密联系。职业教育中的角色定位模糊，政府承担的职能过多，而行业协会和企业参与度不够，这导致职业教育在课程开发、评价体系、教学实施中，偏离职业教育和培训的目标。由于缺乏企业和行业协会的参与，政府强调各个行政部门根据各个专业部门提供的人才需求计划，向行政部门管理下的职业院校进行指令性的分配，这是一种供给驱动的机制。在此种机制下，职业教育的供给难以与劳动力的需求进行良好地匹配，使职业教育不能很好的服务于劳动力的市场需求，更达不到服务于产业发展的教育目的。

（二）观念冲突

在中国，而不是像海德格尔所说的那样，“当一名学生在中学毕业后选择的只是职业教育而不是学术教育时，德国不像其他国家将其视为失败的象征，而仍将其视为一个积极的选择。一个国家若是在工业、商业或服务业中作为一个现代化的领导者，这看起来是唯一合乎逻辑的发展”。[1] 与此相反，目前，中国则是另一种景象，在人们的意识中，职业教育是二流教育。

---

[1] 琳达·克拉克，克里斯托弗·温奇：《职业教育：国际策略、发展与制度》，外语教学与研究，2011 年 6 月，第 62 页。

据调查，北京市77%的市民希望自己的孩子上普通的高中，从而进入普通的大学。1/3 的受调查者不愿意上职业学校，是因为觉得就业前景差，而有 1/4 的人觉得学职校的毕业生社会地位低。[1]

我国的高考制度把考生分为三个层次：第一层次的考生进北大、清华、复旦等研究型大学，第二层次的进一般的应用型大学，第三层次的只能进高职院校。而在发达国家，高等职业院校都是高等院校的主体。美国有近4000 所高等院校，大部分学校是培养应用型人才的两年制社区大学，只有 18% 可授予学士学位，15% 可授予硕士学位，6% 可授予博士学位，其中能授予博士学位的大学的一半才是所谓的研究型大学。

即使在我国目前职业教育已经在逐步显示其力量，为发展经济、促进社会公平作出了突出的贡献。数据显示，10 年来，我国各级各类职业院校毕业生达 7265 万人，职业教育对我国主要劳动人口平均受教育年限增长的贡献率为 21%，为经济建设作出突出贡献。中职毕业生初次就业率连续 6 年 95% 以上，2011 年，中职毕业生享有劳动保险人数为 80. 86%，就业起薪高于 1500 元的占 55. 2%；近 3 年高等职业学校毕业生半年后就业率平均为 87. 6%，平均月收入为 2171. 3 元，两者均处于持续上升状态。[2] 近年来，中国大力发展高等职业教育，2003 年至 2011 年全国 4000 多万高校毕业生实现稳定就业，而其中全国中等和高等职业教育年招生已超过 1200 万人，每年参加各种类型培训的超过 1. 5 亿人次。[3] 2011 年具有普通高等学历教育招生资格的高等职业学校数量达到 1276 所，占普通高等学校总数的 60%。2011 年全国普通高职院校招生人数为 325 万人，占普通高等学校招生总数的 47. 7%。根据麦可思调查数据显示，2011 届高等职业学校毕业生半年后的就业率为 89. 6%，与本科毕业生的就业率基本接近，实现连续两届较快增长。2011 届高职院校毕业生毕业半年后平均月收入为 2482 元，实现两届连续上升，比 2009 届上升了近 1/3。

我国对于职业教育的资助不断增加，数据显示，从 2007 年起，国家通过加大财政投入，落实各项助学政策，扩大受助学生比例，提高资助水

[1] 职业教育 PK 通才教育，http：//learning. sohu. com/s2006/sqzhiye。

[2] 《中国特色职业教育发展之路中国职教发展报告 2002 ~ 2012》。

[3] 《2012 年中国高等职业教育培养质量报告》。

平，从制度上基本解决家庭经济困难学生的就学问题。在资助范围上，高等职业教育国家励志奖学金获得奖励资助的人数占在校生总数的比例，由2007年以前的0.3%提高到3%；国家助学金由每年的3%扩大到20%；中等职业教育国家助学金的资助比例由2007年以前的5%扩大到90%，覆盖了所有农村学生和城市低保家庭学生。在资助力度上，国家奖学金由过去每生每年4000元增加到8000元。新设立的国家励志奖学金为每生每年5000元。高等职业教育国家助学金由2007年的生均1500元，增加到生均3000元。中等职业教育国家助学金由2007年前生均1000元，增加到生均1500元。并从2009年开始，国家对中职学校农村家庭经济困难学生和涉农专业学生逐步免除学费。❶

（三）市场冲突

职校毕业生就业形势虽然一片大好，但吸引力有限，每年招生时节需要全校教师齐动员花很大力气才能完成招生任务。从各类形式组织的在校生人数看，农村成人文化技术培训学校最多，2009年以前在职业教育在校生总人数中所占比例都在70%以上，2010年首次降到69.48%，当然这很大程度上是由于农村成人文化技术培训学校机构数量大的原因。2004年以来在校生人数也呈现了减少的趋势，由46842345人减少到3424人（2010年）；职业初中的在校生人数所占比例很小，尚不足1%，同时也有逐年减少的趋势，2010年更是降到新低，只有0.69%；另外两种形式的机构，职工技术培训学校和其他培训机构（含社会培训机构）的在校生人数近年来呈增长趋势，2004～2010年期间，分别增长了66.39%、35.72%。从以上数据可以看出，职工技术培训学校和其他机构企业等培训组织办学呈现了良好的发展势头，而计划招生的学校组织却呈现出明显下降的趋势。❷

以福建省为例，统计数据显示，2010年年底，该省拥有技工学校94所，在校全日制学生达9万多人。到2012年年底，技工院校降至69所，在校全日制学生降至7万人。其中，2011年全省技校招生规模还不到3万

❶ 《中国特色职业教育发展之路中国职教发展报告2002～2012》。

❷ 部分数据参考《现代职业教育体系研究报告》子课题。

人。与此同时，企业招工难问题依然严峻，目前全省缺工人数达 16.7 万人，高级技工更是供不应求。福建的现象绝非偶然，目前，技校招生难已经成为全国范围的普遍现象。其中主要的原因在于，目前中等专业学校、职业高中和高等职业学校归教育部门管理，技工学校和职业培训归劳动保障部门管理，而掌握生源的中学又归教育部门管理。职业中专、职业高中、高职等学校面临争抢生源的问题。

除了中等职业院校，高等职业院校的招生情况也不容乐观。如下表所示，未来几年，我国高中阶段适龄人口在呈现出明显的下降趋势，这对于以高中适龄学生为主要招生对象的高职教育带来巨大的压力。

表一　2013～2020 年教育阶段人口总量预测（初高）　单位：万人

年份	12～14 岁初中年龄人口	15～17 岁高中年龄人口
2013	5276.76	5661.51
2014	5122.95	5544.21
2015	4990.07	5420.71
2016	4917.03	5269.84
2017	4916.97	5116.37
2018	4939.92	4983.81
2019	4987.32	4911.00
2020	5037.66	4911.08

资料来源：国家人口发展战略研究

而同属于职业教育但是招生对象更为多元的职业培训市场来说，发展势头很好，发展速度很快。我国的职业培训市场中的主要的组织包括各级各类学校办的培训班、行业企业的培训中心、行业协会的培训中心、各种学会团体办的培训班、社会力量联合办学、培训公司和个人等。其中涉足职业教育的全国的培训机构达 5 万多家。在职业学校教育面临着压力和困境的时候，职业培训市场却是如火如荼的另一番景象。即便全球金融风暴和经济下滑，2008 年以来，教育行业仍以良好的现金流、不受经济周期影响而持续增长的优点继续受到投资机构的青睐。这几年，职业教育获得投资金额最高，占整个教育培训市场融资总额的48%。[1]

中国经济还将继续迅速发展，而传统教育体系因不能很好满足市场需求，已经开始向多元化与实用化转变。在这个过程中，各级政府对教育空前重视，与此同时，就业压力也在空前加大，政府部门对资格认证制度的实施、办学政策的放宽等因素，都为教育培训市场的发展提供了空前广阔的机会，民办教育必将由此进入新一轮上升周期。据权威机构的调查和估计，2009~2010年教育培训市场总体规模达到6800亿元，2012年达到9600亿元，职业培训潜在的市场规模达到3000亿元。[2]

（四）利益冲突

职业教育本质上是为企业服务的，同时企业是职业教育的重要教育场所，这是职业教育的职业性所决定的。但是从我国的企业参与职业教育的过程却并不平坦，甚至面临着举步维艰的局面。

2007年新华社评论员文章“不能把职校实习生当成廉价劳动力”指出，近年来，国家加大了对职业教育的扶持力度，各地把发展职业教育放在了突出的位置。特别是国务院颁布关于大力发展职业教育的决定以来，不少地方和部门积极响应，纷纷出台配套措施，加大财政投入。一时间，各种形式的职业教育如雨后春笋般出现，职业教育规模进一步扩大。我们在感到欣喜的同时，仍需保持高度的警惕：一些地方的职业学校和职业培训机构，以促进学生就业、“半工半读”为名，廉价甚至无偿使用学生劳动力；一些学生在实习期间缺乏起码的保险保障。更有甚者，一些机构竟然以“实习”为名，安排学生到歌舞场所进行所谓的“培训”，昧着良心牟取不正当利益，使学生的身心健康受到极大伤害。

吴素菊等课题组[3]为了解北京市行业企业参与职业教育的现状，发现

---

[1] 中国职业教育培训行业市场及发展模式分析报告—— 学尔森教育总裁、全国总校长邱四豪。

[2] 中国职业教育培训行业市场及发展模式分析报告——学尔森教育总裁、全国总校长邱四豪。

[3] 企业参与职业教育：现状、问题与对策——基于对北京部分大型企业的调查分析，段素菊，庄曼丽，董新稳，贾玉洁，《中国职业技术教育》2012年第3期。

行业企业在参与职业教育过程中的问题，于2010年先后重点调查了北京某经济开发区管委会和北京市11家大型企业。调研发现，北京大部分大型企业与学校之间都有不同程度的合作。企业在参与人才培养方案的设计与实施、为学生提供实习机会、联合科技攻关解决技术难题、为职校教师提供实践机会、委托学校进行员工培训、为学校提供实训设备设施、为学校提供兼职教师、与学校签订培养协议、为学校提供技术支持、专题讲座企业、在学校建立生产型实训车间开展校企文化交流等方面愿意与职业院校展开合作。但在与职业院校的合作过程中，存在着不少的问题：企业只注重内部员工培训尤其是高管培训，而对职业院校的学历性教育缺乏兴趣；现在的企业需要的熟练工、一线工人大部分是从别的企业挖来的，一般不愿意要技能不熟练的职业院校的应届毕业生；企业普遍表示不愿与职业院校进行深度合作。在合作对象上，他们对国内知名研究型大学的青睐远远高于职业院校，即便是与职业院校有合作，合作程度也非常有限。

三、冲突原因探源：组织合作制度缺失

从世界职业教育的发展历史来看，当职业教育的办学组织是以普通教学体系下的学校组织为主的情况下，难以避免的会失去职业教育的职业性特点，沦为二流教育。而社会对于职业教育的普遍偏见，则大多源于此，如英国、法国的职业教育都曾经历过这一阶段。具体内容，后文将有详细描述。要改变人们对于职业教育的偏见，一方面需要加大对于职业教育的社会宣传，改变人们对于职业教育的陈旧观念。更为重要的是把职业教育从学历教育的阴影下解放出来，增加职业教育的吸引力。试想一下，如果职业教育的毕业生具有更好的就业前景，那么就会有更多的学生选择职业教育，二流教育的帽子就会被彻底摘掉。这一方面需要扩大招生的范围，不能只是从学历教育的通道上解决招生问题，不能沦为学历教育筛选制度下的招生。另一方面需要多元化的办学组织，提供职业教育的办学质量。而从世界职业教育的发展历史看，企业、行业和社会等组织广泛深度地参与到职业教育体系中，是解决这一症结的有效方法。

而进一步看，企业、行业和社会组织的参与办学，需要政府为职业教

育的学校组织和企业组织建立制度保障，以确保各方责任与义务，加强监管。上一节中谈到的企业把实习学生作为廉价劳动力的来源，缺乏教学的规范管理，就是缺乏组织合作办学的制度保障所形成的。本书后来的论述将会详细说明，由于缺乏企业办学的行业规范，缺乏企业之间和企业组织与学校组织之间的长效机制，英国、法国等国家的企业办学也曾面临着以职业教育为名而行利用廉价劳动力之实的做法。

由此看来，我国职业教育体系明显的不足在于其运行机制缺乏教育组织的广泛合作。比如，在美国，仅一份牛肉汉堡的夹心，从牛肉长在牛身到煎成肉饼，竟涉及各类法律法规多达 4.1 万种![1] 如果说这反映了美国法制的发达程度，那么在职业教育体系运行中，从一个课程（课相）的产生过程所涉及的各类教育组织的参与能够直接反映职业教育的水平高低。一个课程（课相）的生成涉及劳动力需求部门、政府教育管理部门、课程开发组织、教学组织等，从课程的需求调研到课程的内容设定直至课程内容的具体呈现都源自于各级办学组织的紧密合作。[2] 只有职业教育组织的广泛合作才能改变职业教育二流教育的不利局面，才能解决职业人才的供求矛盾，才能释放企业与学校组织的能量，提高人才培养的效率。除此之外，别无他途。

---

[1] 弗雷德曼，选择的共和国：《法律、权威与文化》，清华大学出版社 2005 年版。

[2] 对于组织视角的研究有两种方式，一种是知微见著的以一个课程的生产过程为例进行比较研究，另一种则是检视目前各级组织现状的宏观的方式，由于本文的目的是我国职业教育发展对于政策的依赖性，因此从宏观的视角来分析，更能够看到政策的变化对整体职业教育体系的影响，因此本文主要采用宏观的视角来分析组织的状况。

第二章　“身份”差异：我国职业教育组织分裂

一般来说，狭义的职业教育组织指的是职业教育办学组织，我国目前的主要办学组织主要包括：学校组织和企事业培训组织和社会培训机构。前者包括公办、集体办和民办的教学单位❶，而后者包括职业培训市场中的主要的组织：行业企业的培训中心、行业协会的培训中心、各种学会团体办的培训班、社会力量联合办学、培训公司等。而本文根据研究的需要，采用一个宽泛的职业教育组织的概念，除了办学组织以外，职业教育组织还包括职业教育的管理组织即政府职能部门以及职业教育的利益相关组织即行业协会、企业集团等。

从我国转型时期以来职业教育取得的发展主要表现为数量和规模的扩大，与此同时，一个不可忽略的事实是，职业教育组织分裂与冲突的状况长期存在，未有根本性的改变。

一、我国的职业教育呈现组织分裂化特点

从现代职业教育体系的组织特点来看，无论是德国的双元制模式、还

---

❶ 按照我国教育管理部门的分类，将职业教育分为职业初中、农村成人文化技术培训学校、职工技术培训学校以及其他培训机构（含社会培训机构）四大形式结构。本文在这里的分类主要是从研究的需要，从办学主体这一能够集中反映职业院校组织特点的性质来进行分类。公办是指由各级教育行政部门举办的培训学校（机构）；集体办（特指农村成人文化技术培训学校）是指由县、乡、村集体单位举办的培训学校（机构）。民办是指经县级以上的教育行政部门审批并颁发了社会力量办学许可证的组织和个人举办的培训学校（机构）。企事业部门办是指由非教育行政部门的企事业单位举办的培训学校（机构）。

是澳洲的 TAFE 学院的模式，都体现了职业教育组织的融合，具体表现为：类型教育与普通教育的分治与融合；初中高职业教育组织之间的制度性衔接；学龄教育与成人教育组织的无界化。对比于此，我国的职业教育的总体特点是组织的分裂化。

如果以职业教育质量和组织合作两个维度来划分，西方发达国家的职业教育可以说是处在一个高水平的均衡发展状态，而我国目前的职业教育可能处在一个相对低水平的分裂状态。高水平的均衡发展状态从宏观上体现的是一种国家职业资格框架制度下的组织融合体系。那么组织分裂的教育体系体现的则是一种低水平的均衡态势。按照熊彼特的“破坏性创新”的比喻，从低水平的均衡走向高水平的均衡有一个组织从分裂到融合、破旧立新的发展变化，这就是转型时期我国职业教育体系的必然发展阶段。

（一）职业教育办学组织由于“身份差异”，存在分裂状态

正像梅因所指出的，我们可以说，所有进步社会的运动，到此时为止，是一个从“身份到契约”的运动。[1] 即便是到了 21 世纪的今天，对职业教育来说，这一名言仍然是适用的。职业教育组织被烙上低等教育的“身份”，只有打破这种“身份差异”，才能建立真正的职业教育组织合作制度。

1. 办学组织结构失衡，公办占据绝对的主导地位长期未有改变

伴随着我国职业教育的发展，学校体系的内部结构在不断地优化、调整。在学校组织中，公办学校长期以来占据绝对主导地位，民办学校组织和企业所办学校组织所占的比重一直比较低。从职业教育机构的承办单位来看，主要是教育部门和集体办学，在所有职业教育机构总数中所占比例达到了 80% 以上，近年来有所下降，2004 年曾达到过 86. 4%，2010 年降至 82. 13%；其次是民办职业教育机构，所占比例近年来均在 10% 以上；其他部门办的职业教育机构数最少，所占比例尚不到 4%。这反映了社会资本进入学校组织的困难长期存在，体制的壁垒较大。学校组织之间由于办学资源的差异所造成的分裂现状长期存在。

---

[1] 梅因著：《古代法》，沈景一译，商务印书馆 1959 年版，第 112 页。

公办学校的主体地位决定了我国职业教育建成了一个指令性的职业教育管理体系。这套职业教育管理体系的典型特征就是通过建立各级职业教育主管部门，将各级各类职业教育都纳入相应的管理体系中，从而实现职业教育行政化的科层管理制度。职业教育管理体制实际上是一元化的行政管理体制在教育领域的复制和再造。因此，职业教育的资源配置主要是通过指令性计划对整个职业教育进行整合和控制，无论是职业教育组织的准入、经费投入、专业设置、招生计划、就业准入、科学研究、后勤服务等，都遵循国家或主管部门的指令，建立了按规则程序做事的运行机制，削弱了职业教育与市场、社会的紧密联系，同时加剧了教育资源配置的冲突性和职业教育之间竞争的无序性。

2. 不同“身份”的办学组织拥有不同的办学条件

办学组织中，具有明显的身份特征：是公办学校还是企业办学与社会办学，是劳动部门主办的学校还是教育部门主办的学校，是中等还是高等，办学组织不同的身份具有不同的政策待遇，不同的利益诉求，相互之间泾渭分明。公办院校属于教育事业行政体制机制下的组织、企业办学中属于市场经济体制机制下的组织，其他的社会办学非营利组织属于民办非企业单位，受到市场竞争机制和教育公益机制的双重性质。不同的身份造成教育投入、生源渠道和人员待遇等方面都具有一定的差异，这种差异形成了办学组织之间处于不平等的竞争状态。

首先，差异表现为生源来源。由教育部门主办的中等职业院校与劳动部门主办的职业院校相比，由于具有教育部门的统一协调，其生源结构能够从普通教育体系内得到相应的补充，而劳动部门主办的职业院校则缺乏这一资源优势，这样这两类学校在生源竞争中，处于不平等地位。其次，更为重要的差异还在于投资来源。公办院校在教育事业行政体制管理下，其办学经费来自于财政拨款。而企业办学的经费来源于企业投资，由此形成的办学条件存在着一定的差异。

3. 不同身份的办学组织具有不同的教学内容和形式

从教学内容上看，职业学校组织的教学内容大多着重于职业教育，而社会培训组织的教学内容着重于岗位培训。两种组织之间少有教学内容的交流，总体呈现出各自满足不同的教育需求的相互封闭状态。

从教学形式上，尽管学校组织大力推广工学结合的教学模式，但是缺乏企业的广泛深度参与，未产生广泛的体制性的变革。在现代职业教育体系中，企业是职业教育的深度参与者。比如德国的“双元制”职业教育、日本的“终身”职业教育、新加坡的“教学工厂”职业教育、澳大利亚“能力本位”职业教育等，皆提倡工学结合、校企合作培养职业实用型技术人才，强调企业深度参与职业教育体系。当前，企业在我国的职业教育体系中的参与深度和广度都存在着不足。一方面，企业参与开展工学结合、校企合作往往积极性不高。另一方面，从校企合作形式看，现有的校企合作大多停留在为学校提供顶岗实习、建立实训基地等方面，缺乏真正涉及职业教育教学质量，提升相关的专业建设、课程设置、教学方式、培养方向、师资建设等深层次合作。企业鲜有从自身发展需求的角度出发，真正建立在优势互补基础上利益共享的长远合作，更缺乏有目的性地去寻求与企业技术进步和产品开发有关的校企合作项目。

（二）政府承担管理职能过多，办学组织缺乏自主权

政府的管理既存在着职能冲突，也存在着管得过多的问题。比如说目前的职业教育学校主要是政府主办的学校，无论是教育部主管的高职院校还是人力资源部主管的中等职业院校都是如此。而在现代职业教育体系中，政府的角色应该是职业教育办学质量的监管者、办学资源的保障者，办学的自主权应该交给学校、企业和社会组织等。政府所体现出的国家意志依存于政府调控力量的合法使用以及公民权限的清晰界定。政府应该从直接开展职业教育培训、提供培训服务中解放出来，创造必要的条件，通过财政激励和其他适宜的方式，让公立培训部门和私立培训部门最大限度地发挥开展高等职业教育培训的职能，确保对培训市场的有效调控。为此，政府角色的适当定位是职业教育发展的主导者，具体说来是政策制定者、激励者和调控者，只有这样才能最大限度地满足国家利益以及来自各种不可预测的市场变化的需求。

（三）职业教育体系中利益相关组织角色缺位

在现代职业教育体系中，行业组织在重大政策制定、人才需求预测、

职业资格制定、就业准入、专业设置、教育质量评价等方面承担指导作用。但在目前我国的职业教育管理体系中，行业协会存在着角色缺位的现象。目前我国行业协会主要存在的问题是：[1]（1）政府对行业协会重视不够，导致行业协会数量、类型不能满足发展需要；行业协会人员老化，经费不足；行业协会对企业没有管理权；行业协会的职能不明确，不规范，管理混乱。（2）行业协会自律性差，参与职业教育的功能单一；没有发挥导向、沟通作用和应有的约束力，导致企业和学校不愿合作；没有从区域或社区的利益出发规划和协调职业教育专业设置，导致职业教育人才培养趋同化严重，毕业生就业困难；现有行业协会参与职业教育的方式不合理，导致竞争不公平，职业教育以赢利为目的。

二、我国职业教育组织分裂的直接原因：利益诉求不同

我国职业教育各类组织之间的分裂状态与组织的管理体系和组织文化等组织属性之间的冲突具有直接的关系。比如企业和学校分属两类不同的社会组织，企业分属经济领域，企业的行为追求的是经济利益最大化；职业教育学校属于教育领域，公益性是其行为的最大特征。另外，转型时期我国职业教育制度也在不断的进行改革，并取得了一定成绩，但是由于改革的主要执行者同时也是利益相关者，其中，政府既是裁判又是队员，所以，政策的执行实际上对于组织观念、管理体系等组织属性形成了路径依赖。因此认识组织的属性冲突对于政策的制定和未来组织融合的路径认识具有很大的意义。

（一）利益的表达和追求的渠道不同，造成了组织的制度性分裂

导致组织分裂的直接原因之一为不同组织在现有的制度下表达和追求自身利益的差距。比如学校组织和企业培训组织是在不同的利益表达渠道上追求自己的利益：学校组织是在计划性的教育制度下，主要通过政府的财政支持政策追求自身的利益；而企业组织和培训机构则是在市场竞争的

[1] 《行业协会参与职业教育研究综述》，载《中国职业技术教育》2011年，第6期。

条件下追求自身的利益。因此，从根本上改变组织分裂的状态，需要职业教育体系的管理制度的变革，逐步打破利益分配的格局，使各种组织能够在一个法制化的环境中公平的竞争与合作，这也是我国职业教育体系改革的题中之义。

（二）职教与普教文化冲突，致使职业教育管理组织有边缘化的危机

职业教育组织跟普通教育组织由于其教育目标的差异，具有不同的组织文化特点。这是因为组织的中心任务和面临的环境有差异。职业教育的中心任务具有职业性的特点，其开放性和多元性要大于普通教育，但是普通教育对于自由、独立、创造性有更高的要求。职业教育的教师需要具有双师的人才，其职业教育的教学方法是面向实践操作的，这些都决定了不同的文化要求。

威尔逊认为："首先不属于该文化范畴的任务与属于该文化组织范畴的任务相比，投入的精力和财力要少一些；其次，由于一种文化的保护人会竭尽全力支配另一些文化的代理人，那些拥有两种或多种争夺优势地位的文化形式的组织会经历一些严重的冲突；再次，这些组织会拒绝接受那些看起来与其文化不相一致的新任务。"[1] 根据上述理论我们可以推断，由于我国的职业教育管理体制还依附于普教为主的体系，因此职业教育组织会受到普通教育组织的文化冲突的影响，职业教育改革的新任务推行起来会遇到主流文化的阻滞。这都是源于职业教育的任务与教育组织的主流任务冲突所致的。

（三）以政府为主体的科层管理阻碍了职业教育组织多元化发展趋势

我们整个国家的政治组织、经济管理组织、教育管理组织几乎都是按照统一计划、集中管理的原则组织起来的，这种稳定的管理体制涵盖了经济、政治、社会等一切领域。作为教育体制内的职业教育体制不可能不复制这种政治管理模式，从而把组织结构的稳定性设计作为职业教育管理体

[1] 威尔逊：《官僚机构：政府机构的作为及其原因》，生活·读书·新知三联书店2006年版，第65页。

制理性追求。所以，整个职业教育管理体制不可避免地被整个行政管理体系所覆盖，带来职业教育管理组织科层化特色。僵化的职业教育管理组织体系导致了职业教育组织之间的隔阂与分离。

我国经济转型和增长方式转变，赋予了职业教育组织的多元化发展趋势。在现实中，职业教育已经呈现出学校、行业、企业和社会组织等多元办学的趋势。之所以这种多元趋势发展缓慢，正是因为行政化的职业教育管理体制阻碍了职业教育多元化发展。职业教育管理体制的变革和创新不仅是解决职业教育现实困境的出路，也是职业教育未来发展的方向。但就目前职业教育出现的自上而下的改革来看，它仅仅是以政府为主的行政行为，行业、企业和社会组织难以参与进来。这是因为以政府为主体的科层管理阻滞了其他职业教育组织参与的可能性和积极性，也就是说，他们既没有权限参与、也没有动力参与职业教育改革与创新。所以说，政府发展职业教育的统一性要求在某种程度上限制了不同地区、行业、企业职业教育的差异性和多样性发展，同时，也导致了职业教育组织、职业教育管理组织和组织教育资格认证组织之间有效的沟通衔接，长此以往，最终的结果就是职业教育组织之间、职业教育组织与职业教育管理组织之间的隔阂与分离。

第三章　合作契约缺位：我国职业教育组织分裂的制度原因

通过梳理组织利益、组织文化和组织管理体制等组织分裂的直接原因，我们不禁会思考，隐藏在这些原因背后的制度性因素。需要建设一个什么样的制度，来改变利益格局，形成一个各种组织利益均衡发展的体系，形成资源的有效配置，为我国职业教育的终身化服务。历史表明，一个完整的现代职业教育体系，需要建立职业教育相关利益者合作共建的制度。这一制度解决的基本问题就是各类组织利益均衡、文化融合的机制，虽然有了这种机制，学校也不会变成企业，企业也不会完全变成学校，但是二者之间可以既有竞争又要合作，改变目前相互封闭的割裂状态，在政府、学校、企业和培训组织之间建立一个合作组织框架体系，在一个共通的平台上承担职业教育的各自角色，完成现代职业教育的终身性和职业性的功能。因此，从“身份”到“契约”的职业教育组织变革将是不可逆转的发展趋势。从组织的属性差异我们知道企业组织和学校组织，政府和雇主集团的合作不是一个应然的过程，其中的发展必然有逐步演化的制度保障。因此，为了解密职业教育组织合作的制度形成，需要追溯职业教育制度的历史演化之路。

一、制度建设：现代职业教育组织合作的基石

在德国，职业培训制度通常被认为是一个大的“制度包”的组成部分，这个“制度包”包括集中化的集体协商制度，银行与产业间强联盟关系，以及促成雇主协会和工会合作的制度，这些制度被认为是支撑德国高

技能、高工资、高附加值的经济发展模式的基础，并且有力的支撑了德国“异质多样化”的生产体系。在这个复杂的制度包中，职业培训体系被认为是其中一个关键性的制度安排，通过它，德国在相对强大的工会组织与企业在制造业市场上高绩效表现之间实现了有效调和。[1]

职业教育制度呈现出组织合作的特点，这是理解该职业教育运行模式的要件。国际上比如德国的“分离式”的双元制[2]，丹麦和瑞士等国采用合作式的双元管理体制，澳大利亚的 TAFE 学院模式等。从宏观的视角看，以澳大利亚为例，其职业教育体系可以概括为国家资格框架下普职交互的职业教育体系。在该体系中，形成了以劳动力需求为中心，政府、行业、企业与学校紧密合作，职业教育办学主体和办学形式都比较多元，通过国家资格框架，构建中学教育、职业教育和高等教育三大教育有效衔接而又相对独立的体系。而职业教育发展比较成功的德国，其制度的突出特点是学校与企业的分工合作：整个职业教育体系突出特点是双元，两种教育机构——学校、企业；两类教学内容——职业技能和专业知识；两种教材——企业实训教材和学校知识教材；学生两种身份——企业“学徒”和职业学校学生；两类考试——技能考试和资格考试；两类证书——行会考试证书与企业学习证书、学校毕业证书。从微观的视角看，一门课程的形成体现了多部门的分工与合作，课程的需求、内容的选定、课程的教学形式等都体现了这一点。比如在澳大利亚，课程需求是由劳动部门来提供的，内容的选定则是通过行业协会的教育委员会来审定，课程的教学形式则是多元的，一部分在学校完成，另一部分在企业完成。

职业教育普遍存在的分工协作特点促使我们思考这种分工的制度保障是什么？什么样的制度保证了运行中的组织合作？国内外的学者多从

---

[1] 凯瑟琳·西伦《制度是如何演化的》，载《德国、英国、美国和日本的技能政治经济学》，王星译，上海人民出版社 2010 年版，第 5 页。

[2] 赵志群：《职业教育的工学结合与现代学徒制》，http://www.buat.net/sxbbs/20110516/024843.shtml.

社会伙伴关系[1]的视角看待职业教育组织的合作关系。该研究为职业教育的组织研究开辟了新的视角，有助于理解职业教育组织合作的重要意义。但是从职业教育的历史看，长期并没有社会伙伴关系的存在，社会关系表现为身份等级特征时，同时也存在着成功的职业教育模式。学徒制就是这样的例子，从现代人的角度来说，你可以说学徒制具有很大的局限，但难以否认它曾经是职业教育的成功模式，是现代职业教育的起点，而且其所呈现的制度优势一直传承至今。从这一点来说，社会伙伴关系在解释现代职业教育的合作模式上似乎更加有效，但是对于职业教育历史存在的合作关系缺乏说服力。职业教育体系作为一种人类文明，从原始的学徒制发展到今天高度精密的运作体系，其演变过程就像一个生命体从最初的细胞成长为高度发达的复杂系统。职业教育的制度因素研究需要发掘其强劲生命力的根源，探求那些决定或选择职业教育制度规则的元规则。

我们正在建设自己国家的职业教育体系，正在努力理解我国职业教育体系的制度环境，需要在借鉴其他国家的基础上去猜测和描绘我们的制度环境。我们被迫回顾历史，探寻当前问题的来龙去脉。在回顾和理解的努力之中，一个更加吻合职业教育文明悠久经验的概念体系渐渐浮现出来。即职业教育制度的元制度是职业教育利益各方建立的广泛的契约关系。这种契约关系在历史的初期方式是学徒制中行会组织与手工业者和学徒们约定俗成的隐性契约，直至扩大为职业教育的利益相关者包括雇主、工会、学校等组织的集体协商协议，经过政府的协调，共同制定法律法规保障各方权利义务。整个职业教育的发展历史是一个从身份到契约的过程。这种契约是一个各方利益组织权利与义务有效连接的链条，打断这种链条的职业教育体系是分裂和封闭的系统。

[1] 社会伙伴关系是发达的市场经济国家用于协调社会利益集团之间关系的理论范畴和政治工具，政府、雇主组织与雇员组织是社会伙伴关系的主要方面。社会伙伴关系的四个关键要素是强调伙伴之间的相互认可、共同参与决策制定、雇主对雇员实施综合职业培训以及进行企业制度建设。

二、从身份到契约：职业教育制度的历史演变

职业教育需要实现学校与企业组织的长期稳定的合作关系，而置于其稳定合作关系身后的是社会契约性质的制度保障，如澳大利亚的国家资格框架体系，体现了政府监督下的雇主培训体系和普教体系组织之间的契约关系。从历史深处观察，职业教育的发展表现出政府、学校、企业和社会组织等利益相关者不断从组织之间的分裂到融合直至统一的过程。比较西方发达国家，德国、英国和法国等职业教育的历史，各国的职业教育制度的发展体现了同源、分流、融合和统一的过程。西方现代职业教育体系同样源于中世纪的学徒制，当资本主义击败君主、摧毁了封建经济制度时，职业教育由此走向了不同的道路。德国作为协调性市场国家[1]，学徒制从手工业协会的控制逐步投入工业产业的怀抱，经过标准化和强制化的改造，较为顺利的实现了学徒制的传承。而英国和法国则完全不同，学徒制跟随着封建经济制度逐渐消弭，几近瓦解，随着普通教育的兴起，职业教

[1] 根据经济体企业内部组织形式及其与供应商、竞争对手、客户和国家之间关系模式等内容，可以分为三类：计划经济制度、自由市场经济制度以及协调性市场经济制度。前两者各取一个极端：计划经济制度根除市场，依靠政治权威，执行“集中化”原则进行企业治理，企业间形成行政关系；自由市场制度释放市场力量，依靠自由市场，执行“竞争替代”原则进行企业治理，企业间形成市场自由竞争关系；协调性市场经济制度则中和了计划经济和自由市场经济的特点（主要以德国和日本为代表），通过企业间或企业内的联合与协商（如行会组织）来干预市场，限制企业间的恶性竞争，依赖联合网络，遵循关系性和不完全契约原则进行资源交换，进而进行企业治理（Hall Soskice，2001：8）。西方“技能政治经济学”学者认为，就占统治地位的技能培养方式来说，技能培养方式和经济体的企业组织机制相匹配的原理导致了不同国家中两种完全不同的技能生产方式的选择，协调性市场经济类型主要采用企业自我技能培养方式。相反，在自由市场经济制度下，企业主要采用外部技能养成方式，通过劳动力市场或委托职业学校实现技能形成。(以上内容借鉴以下文中的观点：王星：《师徒关系合同化与劳动政治：东北某国有制造企业的个案研究》，《社会》2009 年第 4 期。凯瑟琳·西伦：《制度是如何演化的：德国、英国、美国和日本的技能政治经济学》，王星译，上海人民出版社。)

育体系由分裂的普通教育体系组织和个体契约性质的变相学徒制学院（技术学院、技工学院）等构成。在其中，普通教育体系下的职业教育完成了体系健全的过程，而雇主主导建立的职业教育组织（培训体系）则是影响式微。当然，在各个时间内，普教系统和雇主培训体系的组织的融合一直在进行，但是影响较少，未形成主要潮流。直至“二战”后，普教系统和雇主培训体系的融合成为了职业教育制度变革的重要特点。发展到21世纪，这种融合逐步深入，直至跨越了普教体系和雇主培训体系的沟堑，几乎置于统一的教育体系之下，改变了过去依附于普通教育的状态，作为类型教育而独立存在。

（一）学徒制：一种隐性契约关系

一般认为，西方的现代职业教育体系源于学徒制，学徒制是职业教育起点。制度化的学徒制起源于中世纪后期，其形成与发展，与中世纪行会制度紧密相连。正如博兰尼所说：“在行会制度之下，生产活动的动机和环境是嵌入社会的一般组织之中的。师傅、熟练工和学徒之间的关系，同业关系，学徒的数量，以及工人的工资等这些都由行会和城镇的规章和习俗规定的。”[1] 行会基本上是一个享有封建特权的封闭性组织，对外拥有就业垄断权，对内实行超经济的强制性管理和监督。这一特权从产生到消失存活了很长时间，从中世纪开始一直到资本主义市场经济形成的前后才逐渐消失。行业工会和封建特权在法国直到1790年才被废除；在英国，《工匠法》直到1813～1814年才被取消。

学徒制是当时劳动力市场中雇工与雇主的最基本的关系模式，“在角色和责任方面，雇主与父亲基本相同；而从整体上来说，从道德上或者是从人身的角度看，雇工的义务都和儿子的义务基本相同”。甚至从正式的、法律的角度看，一直存在这种假设：雇主处于父亲的位置，它的义务也包括一个正直的父亲的所有义务；而如法律和传统所认可的那样，雇工的义

[1] 卡尔·博兰尼著：《大转型：我们时代的政治和经济起源》，冯钢、刘阳译，浙江人民出版社2007年版，第73－74页。

务的范围和特征是孝顺。[1] 具体来说，从业人员按不同的身份分三等，依次为学徒、工匠、师傅。师傅招收学徒，并教授技能和公民道德，还要提供他们衣食住，在学徒完成学徒制时还会提供给学徒一套工具。学徒们必须跟师傅生活在一起，勤劳地工作，听从命令，不能结婚，不能从事不道德的活动，没有得到师傅的请假许可必须始终都在。在完成学徒制时，由师傅向行会提出申请，行会审查合格后就可转为工匠称谓，但要继续以很低的薪水为师傅服务若干年，直到工匠的作品令其师傅和行会委员会满意，被授予师傅的称谓。师傅是独立的手工业者和行会成员，可单独从事经营，并可以开始招收他自己的学徒和工匠。

学徒制的有效运行必须克服师傅和学徒的“违约行为”。师傅不能够把徒弟作为廉价劳动力，需要使徒弟所学技术所支付的费用得到预期的回报；而徒弟不能够在没有结束学徒期之前跳槽，那样的话，师傅将拿不到教育培训的回报。学徒制解决这些问题的办法是通过约定俗成的身份特征和行会等公共组织的强制监管[2]，使得学徒与师傅承担各自的权利与义务。雇主（师傅）得到的激励是雇工通过一段时间低工资的劳动来支付学习的费用。而雇工通过此项义务期望得到的是将来的技术回报能够补偿支付的费用，这类似于师傅给予学徒一定的培训费用的短期借贷。由于学徒的期限、工资等都由公共组织强制规定，避免了师傅们“搭便车”的行为，即如果不能培养出合格的徒弟，那么其进一步招收学徒的资格将面临着考验。

---

[1] 莫顿·J. 霍维茨著：《美国法的变迁 1780－1860》，谢鸿飞译，中国政法大学出版社 2004 年版，第 316－317 页。

[2] 16～18 世纪是欧洲从封建社会向资本主义社会发展的过渡时期，经济、政治和社会的方方面面不断震荡，学徒制也不同程度的受到了冲击。从 16 世纪中叶开始，对学徒制的控制权逐渐由行会转移到国家手中，国家开始通过立法对学徒制的实施进行各种干预。典型标志就是英国 1562 年《工匠学徒法》的颁布与实施，该法对英国的学徒制进行了各种详细的规范。受英国政策的影响，德国普鲁士地区在 1733 年也颁布了保证行会特权的法令，采取由国家对学徒制实行统一管理的政策。1794 年，普鲁士又在一般国家法令中对行会和学徒制作了具体规定，并在普鲁士地区全面推行。但学徒制的教育模式和制度基本保留，监管的强制性得到加强。

同时，总体学徒数量是严格控制的，这样就对整个技术工人的劳动力市场供给实现了总量控制，避免了将来大量技术工人的供给降低了工资，从而使得学徒的未来收益的下降。

综上所述，学徒制是一种具有身份等级特征的雇主主导的职业教育体系，体现了雇主集团的合作管理。行会管理是雇主集团的管理代理人，通过制定学徒的考核标准和劳动力市场的准入制度，避免了雇主和学徒的违约行为即雇工将学徒视为“廉价劳动力”和市场挖人而不培养人的“搭便车”行为，避免了学徒在学徒期的“跳槽行为”。后来的历史演变证明了这些违约行为如果不能够通过雇主集团的合作管理，雇主主导的职业教育体系就难以为继。后来历史上出现的雇主主导的职业教育体系，皆通过雇主集团与劳动组织的合作形成行业制定教育标准、控制劳动力市场的准入等制度来保障其有效运行，所不同的是雇主集团与劳动组织的范围在扩大，管理制度由封建社会的身份等级变成了通过法律保障的社会契约关系。而缺乏这种合作契约的职业教育体系则失去了雇主主导的地位，职业教育走向了不同的方向。

（二）二元合作制：协调性市场经济中的德国职业教育制度演变

德国的职业教育制度的历史是一个把手工业、工会和产业雇主集团和普通学校逐步纳入合作契约中的过程，与其说德国职业教育体系是一个雇主主导的体系，不如说是基于劳动力市场需求而各方妥协形成的契约组织体系。

职业教育的契约形成是从手工业的契约制度开始的。工业革命以后，德国政府通过立法解放了学徒制培训，废除了以往关于手工作坊建立及其招收学徒工等方面的种种严格限制。并通过 1897 年《手工业保护法》的出台，将手工业部门组织起来成立强制性协会，赋予它们在学徒培训领域充分的自主权。该法律挽救了面临工业革命冲击下的几近崩溃的学徒制，解决了学徒制在行会解体后面临的合作困境：该法律第一次对控制“过度培训”做出了明确规定（过度培训一方面意味着个别行业中的技能技术工人过剩，另一方面也意味着学徒工会继续被作为廉价劳动力而遭受剥削)[1]，该法律为了保证学徒培训质量还授权手工业协会可以派出代表进入手工业企业中去评估其培训工作安排，而且当一个企业达不到规定标准时，手工业协会有权撤销该企业培训学徒工的资格。此项立法对于稳定手工业部门中的自我培训起到了至关重要的作用，这一点与其他国家，如英国[2]、法国等形成了鲜明的对比。正如mannow所描述的那样，该项立法“通过与社会利益组织分享‘公共空间’，试图把‘功能性组织作为维护秩序的指定代理者’从而搭建了一个调和利益的现代模式”。[3] 从这个意义上说该项立法不仅仅是学徒制的胜利，更是社会契约的胜利，是组织合作的胜利。

虽然该法律将工会组织和新兴产业组织排除在职业教育的法律保护体系之外，但是，由于手工业较为成功的学徒制培养模式，一方面为机械制造业能够从手工业部门获得相对稳定的合格技术工人的供给[4]，另一方面工会组织和工业雇主们认可该体系培养模式，手工业培训体系中的协调性和自我管制性为工业培训提供了范本，他们在体系之外借鉴其方法形成了与学徒制平行的合作组织，[5] 并一直为这种组织谋求更多的法律保障进行与手工业垄断地位的斗争。除了企业内教育形式以外，手工业培训体系模

---

[1] ［美］凯瑟琳·西伦著：《制度是如何演化的：德国、英国、美国和日本的技能政治经济学》，上海人民出版社2010年版，第42页。

[2] 由于缺乏有效监管，而且在技能方面一直与工会处于冲突之中，英国的学徒制在19世纪末20年代初沦为剥削廉价童工的工具。

[3] ［美］凯瑟琳·西伦著：《制度是如何演化的：德国、英国、美国和日本的技能政治经济学》，上海人民出版社2010年版，第42页。

[4] 即使到了1925年，技能培训依然主要集中于小企业部门。一项全国商业普查显示，所有学徒工中，有55%是在手工业企业，只有45%在工业部门中。（舒特，1992：65）

[5] 正如凯瑟琳·西伦在《制度是如何演化》一书中所指出的那样：技能资格认证和考核的权限问题，在手工业主与大型机械制造企业之间引发了一场旷日持久的重要争斗。机械制造业在魏玛时代就一直寻求资格认证权，最终在纳粹时期获得了授权。纳粹政党大幅度提升职业教育规模，它们通过赋予工业和行业协会类似于过去手工业协会的授权，使其负责管理和认证专业技术工人的培训，并在工业培训中建立起一个标准体系。

式也影响了处于辅助地位的普通教育下的职业学校，在历史发展过程中，职业学校也逐步走向了与雇主体系的二元合作体系。❶

后来尽管经历了“一战”“二战”与纳粹统治，但是职业教育稳定的契约性合作基础一直存在❷，直至1969年，在政府的协调下，手工业、机械工业和工会组织形成了新的更大范围的契约组织。1969年《联邦职业教育法》为职业教育提供了一个全国性的法律框架，通过新成立的联邦职业教育科学研究所管理委员会向联邦政府所有有关职业教育的事宜提供咨询服务，它由6名来自工会和雇主协会的代表、5名州政府代表、3名职业教育专家以及1名职业教育科学研究所的专家组成。其接管了过去由行业协会掌握的管理职能❸，负责职业技校与厂内培训之间的协调工作，同时促进州政府之间的合作以确保全国范围的统一性。该项法律的重要意义在于除延续了行业协会的管理和监督职能传统以外，在更大的范围内共享了行业协会在职业教育领域原有的排他性控制权，政府为工会、学校等职业教育组织提供了平等参与的平台，体现了职业教育的进一步公共化趋势，为进一步建立社会合作伙伴关系性质的现代职业教育体系奠定了重要的基础。

❶ 为了普及教育、提高全民族的基本素质，1883年德意志帝国颁布的工商条例促使原有的文化补习学校面向未成年徒工开展义务教育。这些学校按照徒工所学专业设置班级，在进行文化基础教育的同时也讲授职业理论知识，逐步形成了专业性学校，如工艺学校、制图学校、商业学校等，适应了各种产业的需求。1920年，魏玛共和国规定这类学校统称为“职业学校”。1938年颁布的《帝国学校义务教育法》规定，职业学校要伴随企业培训组织教学、补充学生（即徒工）学习基础和理论性知识。从1949年始，在原联邦德国，职业学校成为承担未成年人义务教育的法定机构，成为实施职业初级教育的“另一元”。引自解读德国新颁《职业教育法》及相关法规，刘邦祥，程方平。《中国职业技术教育》，2008年6月。

❷ 在魏玛时期，工业部门的培训已经实现了统一化，但是未能控制技能资格认证权；手工业部门虽然掌握了资格认证权，但在培训上却没有实现标准化。一战后政府将这两个部门统合在一起。这些措施一方面极大地推动了德国企业中受训学徒工数量的增加，另一方面也大大增加了学徒工培训的标准化程度。引用［美］凯瑟琳·西伦著：《自制度是如何演化的：德国、英国、美国和日本的技能政治经济学》，上海人民出版社。

❸ 包括制定培训标准、正式规则制定准备以及课程设置－建立技能培训内容、为特定岗位规定学徒年限等。

此后，德国职业教育体系在多方合作的平台上，契约的范围逐步扩大，更加强调办学组织的合作。1975 年，在政府设立了《联邦职业培训位置促进法》。该法对《联邦职业教育法》不完备的地方作了补充，它第一次将职业教育与培训需求挂钩：职业教育应成为公共事业的责任和义务，政治决策的决定因素不应是经济界的需求，而应是青年人对职业教育的需求。1981 年颁布了《联邦职业教育促进法》将职业教育的概念扩大至包括职业培训、职业进修和改行培训（或称转业训练）适用于州教育法有效范围内的职业学校以外进行的职业教育。2004 年 7 月，联邦政府制定《职业教育改革法》，决定将已颁布的《职业教育促进法》和《职业教育法》合并制定为新《联邦职业教育法》，于 2005 年 4 月 1 日起生效。新颁布的《联邦职业教育法》第 2 条明确了三类不同学习地点的职业教育，即："经济企业及其以外的公共事务、自由职业和家政服务等机构"进行的"企业内职业教育""学校职业教育"以及二者之外的"跨企业职业教育"；该法律还强调应在不同学习地点之间合作开展职业教育活动。企业内和跨企业的职业教育是新《联邦职业教育法》规范的主要内容。❶

（三）多元合作制：自由市场经济体系中的英法等国职业教育制度演变

自由市场经济体制国家的职业教育制度历史发展经历了学徒制衰败、政府主导的普通教育体系下职业学校建立，再度融入雇主培训的过程，最终从不同的路径，走向了政府、学校与企业的合作过程。

18 世纪、19 世纪的两次工业革命对行会学徒制产生了重大的影响，西方国家在此背景下，职业教育体系出现了不同的组织形式和演进路径。以英法国家为代表，传统学徒制最终在两次工业革命后，受到自由契约、自由劳动理念的影响，在大多数西方国家不同程度地崩溃，这一时期，政府退出了对学徒制的法制管理，对工作本位的劳动力培训，倾向于采取自由放任的态度。学徒制的形态发生了变化：不再有约束师傅或工匠对待学徒的法律文书或指导；没有对学徒的人数和学徒期限的规定；学徒制只是

❶ 刘邦祥，程方平：《解读德国新颁〈职业教育法〉及相关法规》，《中国职业技术教育》，2008 年 6 月 21 日。

师傅与学徒、父母或其他代表之间的自由合同或协议。在这种情况下，学徒实际上都成了被剥削的廉价的童工。这导致了1814年将“工匠、徒弟法”最终废除。“工匠、徒弟法”废除之后，有关对徒弟进行职业技术教育的问题，失去了任何法律上的保障，这使雇主滥用妇女儿童劳动以谋求私立的程度日益加剧。

而随着教育平等的教育方针的深入人心和科学技术对于教育的影响，精英-大众教育成为了各国教育追求的主要目标，职业教育则被置身于普通教育的学术体系下，学校成为了职业教育的主要组织。如发起于英国而后在整个欧洲和北美掀起一阵高潮的技工讲习所运动、法国利昂库尔公爵创办的工艺学校、美国富兰克林创办的文实学校等，都是试图通过学校进行职业教育的著名实践。其中，尤其是“俄罗斯制”（Russian system）”的产生，对职业教育形态由以工作场所本位的学徒制转向以学校为本位的学校职业教育产生了最为直接的技术影响。[1]

在法国，从19世纪末开始，两百多年的时间里，职业教育以公共机构和学术机构的干预为主要特点，在一个脱离企业和生产的结构体系中逐步建立起来。随着学徒制逐渐衰退，由政府引导的学校组织的职业教育体系开始建立，如实施创立工程学院培训管理人员。从19世纪末开始，各种各样的技术培训学校纷纷出现，缓解工人和雇员培训形势的恶化。19世纪通过的阿斯捷法（Astier Act）为学徒设立组织提供全日制职业培训学校并开办学校，但是这种培训在当时仍然相当匮乏，鲜有人接受培训。在这之后，为了满足市场对于技术劳动力的需求，处于普通学校体系之外的初级的职业技术学校开始在20世纪初较快地发展起来。它主要通过全日制的“初级技术学校”和“中心学校”来替代19世纪曾发挥过职业技术教育作

[1] “俄罗斯制”是由莫斯科皇家科技学院（Imperial Technical school of Moscow）的沃斯（victor Della Vos）校长及其同事于1868年提出并通过几次国际博览会而迅速推广到欧美各国的。俄罗斯制放弃了原来学徒制中的全程式的工艺教学，将整个生产工艺分解为一个个相对独立的工序，然后对这些工序一一进行教学。这种教学不再像学徒制那样必须进行个别指导，而是可以同时对大量的学生进行讲解、示范和训练，从而大大提高了教学效率。“俄罗斯制”是学校职业教育产生的催化剂，它为现代职业技术教育学制的建立，奠定了技术与方法基础。资料参考：《学徒制讲义大纲》。

用的某些机构。在此时期，得到较快发展的还有“技术学院”。

“二战”后，随着经济发展的需要，职业教育的重要地位不断凸显，一方面普通教育体系下的职业教育地位不断提升，另一方面积极容纳体系之外的教育组织，给予合法地位，进入国家教育管理体系。在英国，首先，通过1944年“巴特勒法”确定了职业技术教育在中等教育中的地位，更为重要的是确定了职业技术教育在继续教育中的地位，使职业技术教育在英国的学制中占据了合法地位；接着，1945年的“珀西报告”提出了职业技术教育中极为重要的“产学合作”管理体制；1956年技术教育白皮书建议课程的改革，采取全日制和部分时间制相结合，在重点发展技术学院中工读交替课程的同时，继续发展各类机构中的部分时间制高级技术课程，使英国的高级技术教育发展到一个新的台阶；1959年的“克鲁塞报告”解决的主要是初级职业技术教育的问题。这样至20世纪50年代末，英国的职业技术教育体系已比较完善。

在法国，1966年11月3日颁布的法律试行了一项基于谈判和集体协议的条例，国家失去了在基础教育中的主导地位，成为了包括工会、雇主、国家机关、企业和教育机构多方在内的广泛而复杂的体系中的一部分。1970年7月6日签订了跨行业框架协议，这一系列的全国产业间的谈判意义重大：将培训视为职业关系中的一个重要领域，在继续职业培训结构中将管理体系扩大到对年轻人的职业培训、工学交替课程以及学徒上，并逐渐将谈判引入到部门活动中和行业领域当中。至此，经过组织的融合，职业教育主要有三种类型：一种是中学教育和高等教育中的职业课程。第二种是针对毕业后没有获取任何职业资格证书的年轻人或在劳动力市场就业有困难的年轻人，政府或工会和管理部门组织成立了职业培训体系，这种体系在企业中长期存在，以使员工获得职业技能。最后一种是最古老的学徒制，适合那些来自社会底层或者农村出身的年轻人。他们无法在学校完成学业，主要在小企业特别是建筑行业、商业、酒店餐饮以及汽车维修行业工作。

进入21世纪后，知识经济时代的到来，改变了教育的方式和目的，终身教育的指导方针彻底改变了职业教育的历史地位，资格证书与学历证书曾经是两种教育体系的制度化的象征，资格证书体系是现代社会对于职业的要求，在陌生社会的现代环境中，个人职业的素质要求必然置于行业自治的规范之下，而学历证书则是教育质量的标准凭证，二者的融合互通则体现了现代职业教育的职业性和教育特性的必然要求。英法等国家通过积极的立法保障学术体系和职业培训体系的融合，逐步形成了互通融合的现代职业教育。

三、历史的经验：职业教育组织合作制度构建中的反思

职业教育发展的历史演变，是一幅波澜壮阔的画卷。通过几个世纪的传承与创新，职业教育体系从一个排他性的相对封闭的体系蜕变为跨越了国界、学界与企业界广泛合作的组织体系，在精密而复杂的教育与市场体系之间建立了坚实的桥梁，支撑了市场经济对于技术人才的强劲需求，为人类的文明进程书写了史诗般的篇章。历史隐藏着文明演化的基因，促使我们去探究思索。

（一）职业教育组织合作制度嵌入到经济体制之中

历史表明，职业教育组织的合作动机和环境是嵌入社会的一般组织之中的。橘逾淮而为枳，不同的国家社会的组织环境结成了不同的合作果实。在封建行会制度下，学徒制是职业教育的主要形式。而在市场经济的冲击下，协调性市场体系的国家和自由市场体系的国家的职业教育体系走向了不同的演化道路。在见证了各自的辉煌成就和缺陷后，职业教育体系表现为强大的适应性和生命力，又走向了更广阔的融合与创新。职业教育的发展不是走在一条哪位先哲理性设计的路上，而是在不断地试错与修正中完成的，其演变过程出现了一定程度上的路径依赖，这被依赖的路径就是各国的不同的政治、经济与文化环境。但是我们也不能过分地高估这种路径的依赖，在职业教育发展中，也曾有制度的突破性变革。变革中，这种冲击大部分时间来自于经济环境的变化，比如工业革命就为职业教育体系带了巨大的变革，而在当今知识经济的时代，职业教育体系也正迎来一个新的变革的高潮。

（二）没有完美的职业教育制度，只有更加合作的制度

在历史上，学徒制曾是成功的职业教育形式，但是却囿于其垄断性和封闭性与教育的公益性和平等性相背离。而德国雇主主导的合作体系则将教育的公共性推进了另一个高度，但是却与普通教育体系下的学历教育泾渭分明，偏重于职业性而弱于教育性。同时，英法等国的职业教育在后工业时期，建立在普通（学术）教育的羽翼之下，在政府的主导下，努力实现教育的公平与普及，但是却与市场需求渐行渐远，没有有效承担起职业性的职能。直至职业教育的合作更加充分，跨越了企业与学校的沟堑，职业教育的制度同时兼顾了职业性和教育性，其制度的优越性便越发显现出来。总的说来，职业教育组织合作是一个越发清晰的主题要素，它支持了职业教育制度的稳定性和有效性。

（三）职业教育的组织合作依赖于利益相关者所形成的社会性契约

一如前论，各国的历史实践是职业教育是政府、企业与学校等组织深入合作的过程，这种合作关系依赖于各方建立的社会性契约。契约界定了立约各方的权利与义务，职业教育的契约也不例外。雇主主导的职业教育的契约在于企业培训既是一个雇工合同也是一个教育合同，既有一定的经济性又有一定的公共性。职业教育的经济性与教育性的双重要求，是职业教育契约存在的逻辑起点。没有了社会合作的契约，职业教育体系就难以走向多方合作，职业教育的双面性就难以体现。对于每一个雇主和雇工来说，雇工的义务在于接受一段时期的低工资待遇，以便于补偿雇主的培训费用，而其权利在于获得相应的技能，能够在未来获得应得的回报。而雇工的权利则是雇主的义务，雇主有义务完成高质量的培训，而其权利在于得到雇工低工资服役的补偿。同时，职业教育的教育性要求雇主要培养合格的学徒，这需要建立标准化的监管体系。反之当雇工与雇主的权利和义务出现了不对称，就难免演变为雇主把学徒作为了廉价工人，不能够保证其教学质量，年轻人逐渐对学徒制的雇用方式失去了兴趣，职业教育逐步没落。

而政府主导下的职业教育学校需要引入企业的广泛参与，如在英国、

法国等，是在存在一个实力强大的教育统治集团的情况下向企业开放教育的合作空间，努力把企业作为组织中的一元纳入教育系统，用契约的核心的关系建立社会伙伴关系，保证雇主、工会和学校等组织的共同利益，弥补职业教育中的职业性不足的局面。

契约关系是保障实现职业性和教育性各个环节的权利与义务，而不能保障这种关系的职业教育体系则是封闭的、低效的。比如说如果缺乏雇主组织的监管责任，证书由政府部门来颁发，那么证书颁发的部门并不能为证书的有效就业负责，会造成证书的泛滥，失去了标准化和强制化监管职业教育培训的作用。同样的，如果缺乏雇主组织的监管责任，学校是职业教育的主体，也是证书颁发的机构，即使有国家标准来强制规定，但是由于学校不能直接为学徒的就业负责，那么难以有效管控证书的有效性，也会使职业教育的体系失去效力。另外，即使有雇主的参与，如果没有政府对于行业协会和雇主权力的法律授权，缺乏了行业协会对于雇主的有效管理，那么难免雇主会利用相对于雇工的优势地位把雇工作为廉价劳工来使用。在缺乏社会性契约的情况下，也能看到个别组织之间的合作，比如个别企业与学校的各种形式的校企，但是社会性契约的缺位，使得不同的组织之间带有身份的差异，这种带有私人契约的合作，值得鼓励，但难以突破组织的特征局限，是不充分的和不持久的。

历史实践同时表明，社会契约的形成不是出自理性设计的结果而是逐步演化而成，但是如果没有一个成熟的有力量有影响力的雇主联合组织的存在，如果没有一个并非完全垄断排斥异己的教育统治集团的存在，如果没有劳动组织对于企业培训制度的认同，都难以形成组织合作体系的存在。从这个意义上来说，职业教育社会化契约实现的条件是组织内外两个层次的组织合作：一个层次的组织合作是利益相关者内部的组织合作，具体表现为企业和社会组织等相关利益者完成组织化如行会和学会等，既能代表各自的利益诉求，又能够完成组织内部的约束和管理，防止搭便车行为的发生。另一层次的组织合作是利益相关者之间的组织外合作，通过集体协商，建立社会性契约。内部合作是外部合作的基础，而外部合作是内部合作的制度保障。缺乏了组织内部的合作，职业教育是局部的、封闭的，难以实现社会化，而缺乏了外部合作则职业教育的合作是不稳定和不长久的。

第四章　转型时期我国职业教育组织变革的可行性

西方职业教育发展的历史表明了职业教育体系具有社会组织的嵌入性、运行机制的组织合作性和制度的社会契约性等特点。因此，理解我国的职业教育体系的现状和可能发展路径，需要定位我们的经济发展历史时期，考察运行机制的合作性的可能和探求制度形成的社会契约的演变方向。

一、转型时期社会环境变化对于职业教育的影响

在转型时期，当政府、学校、企业和培训机构遇到劳动力匹配难题时，它们是在一个相对不确定的起始时刻面对着一个相对开放领域。也就是说职业教育领域尚没有挤满权力要求的利益集团，该领域的政策选择还没有预先封闭起来。我国社会正处在转型之中。转型时期的中国社会在经济、文化和社会观念等方面都经历着诸多转变，而我国的职业教育一头连着国家的政策决策，一头连着千万个普通家庭，既与经济发展紧密关联，又与社会公平息息相关，既具有经济产品的特点，又体现了一定的公共产品特性。[1] 因此我国职业教育组织的变化必然受到转型时期的经济、文化和社会观念的影响，这也符合职业教育嵌入性的特点。

---

[1] 职业教育具有职业性的特点，即为劳动力市场提供合格的劳动者，从这一角度上来说具有一定经济产品的特点。同时职业教育又承担着素质教育的义务，为社会培养合格的公民也是其目标之一。

（一）经济转型为我国职业教育组织变革释放了空间

经济性是职业教育的重要特性。经济转型对职业教育提出了适应性的要求。自2008年经济危机以来，外部经济环境的恶化以及我国人口红利的逐步消失，加之我们产业结构的调整要求，三者的压力叠加到一起，构成了就业市场的压力。具体表现为就业市场的劳动力供给压力在增加，劳动力结构的调整要求日益强烈。一方面需要保证城市转岗劳动力、进城务工人员和大学毕业生三股主要的就业人群的稳定就业，另一方面劳动力市场上对于技术工人的需求与供给的缺口在增加，并有愈演愈烈之势。我们把这一就业的规模和结构的供求矛盾称之为劳动力危机。劳动力危机成为我国目前遭遇到的一种困局，此类难题占据着整个立法者、政府和学校与企业的思考模式。目前的困境以及随之而来的社会实践标志着我国政府、教育者、企业在理念和制度上的范式变化，这一变化为职业教育组织变革带来了机遇与挑战。

具体说来，对于社会变迁引起的对技术人才的需求，政府、学校、企业和个人都会自发组织起来：政府将利用自己的资源，设定目标，推动职业教育的变革。而企业也会被在制度的许可范围内建立相应的应对措施，个体劳动力也将以最小化的成本选择适应这种局面的最佳方案。

当政府、学校、企业和培训机构初次遇到劳动力匹配难题时，它们是在一个相对不确定的起始时刻面对着一个相对开放领域。也就是说职业教育领域尚没有挤满权力要求的利益集团，该领域的政策选择还没有预先封闭起来。实际上，从宏观的视角去看一个职业教育领域，有多少开放性就存在着多少相应的封闭性，反之亦然。在我国，政府对于职业教育领域的规制的多寡决定了该领域的开放程度。而新形势下政府的权力的下放也预示着更大的开放空间。从这个意义上来说，我国职业教育体系呈现出越来越开放的趋势，而不是相反，这就为职业教育的各类组织的变革提供了更大的空间，因此可以预见职业教育改革将是我国教育体制改革具有创造性的可能性时刻。目前该体系是低水平的分裂体系。由此经济转型对于合格劳动力的需求与分裂的组织运作体系构成了我国职业教育的现状的张力，可以预见各种模式的相互吸收、调试甚至是融合，将主导未来的职业教育的社会化变革过程。

（二）现代职业教育理念为职业教育组织变革提供了动力

转型时期，人们的社会观念也面临着变化，无论是职业教育组织内部还是社会家庭对于职业教育的观念也在悄然变革，这必将为职业教育组织变革提供发展动力。

1. 多元性的职业教育理念体系

事实上，正如我们所看到的，如果说人们对于现代职业教育的内涵有多少争议，人们对于职业教育的改革就存在着多少争议。但是要算作一种主流的理念必须对人们思考周围世界的方式施加普遍的塑造影响。在这一意义上，围绕着现代职业教育的理念的诸多论域，呈现出一组多元性的理念体系，诸如职业资格、终身教育、校企合作、集团化办学、分级制等。目前现代职业教育的核心理念已经逐步形成，职业教育属于类型教育已经成为取代老式的低层次教育的理念的有效武器，这一新理念范式中，主要范畴不再是关于层次教育的问题，而是指向了关于类型教育的问题。在层次教育范式的衰落中存在着一股尤其重要的推动力量，这股力量必将逐步影响着职业教育参与者的行为。

2. 主流理念体系为职业教育组织变革提供了动力

终身教育与类型教育不是教育者主观设定的概念，而是深植于经济体系的需求，随着这种需求被社会所认知，将会产生巨大的力量推动职业教育的供给变革。这种变革在新的理念的感召下，将会塑造职业教育新的范式，无论是从职业教育的组织形式还是职业教育的学习方式，都将迎来崭新的时刻。比如企业组织在终身教育理念的感召下，对于员工的培训越来越重视，而求职者对于企业的培训待遇的要求也成为了一项显要的考量因素。毫无疑问，这就会创造巨大的培训市场的空间。为了提高效率，企业比过去将会更加重视与教育组织的合作。对于教育组织来说，学校认识到类型教育的含义后，将逐步将其从普通教育的影响下解放出来，将会释放巨大的创新自我发展模式的力量。做这种乐观的预期不是笔者的痴人说梦，这是由于我们首先看到了在终身教育和类型教育理念没有居于今天的地位之前，职业教育被落后的观念所束缚的历史。

二、转型时期我国职业教育组织建立社会性契约的分析

如上所述，现代职业教育组织合作需要建立社会性契约，其条件是双层组织的合作：职业教育利益相关者内部和外部的组织。因此考量我国职业教育发展的阶段，需要从这两个方面审视我国目前的职业教育发展。具体来说，我们要分析我国职业教育组织是否存在一个并非完全垄断排斥异己的教育统治集团，是否存在一个组织化的雇主集团，是否存在一个认同企业培训制度的劳动力市场，如果以上这三个条件缺少一个，都难以形成组织合作体系的存在。

（一）国家战略的中心任务转变带来了组织合作的契机

目前在我国的职业教育中，我国的教育管理体制隶属于中央政府的教育和人力资源部门，其负责政策的制度和指导监督，地方政府相应的职能部门为中央政策的执行者，在以往的快速发展时期，政府主要通过财政支持的方式，推动以公办学校为主体的职业教育的发展壮大。在该阶段国家战略的中心任务是吸纳并优化就业能力。而在新的形势下，随着对于职业教育的意识逐步深化，政府建立现代职业教育体系的雄心初见端倪。职业教育作为类型教育而不是层次教育的核心观念将进一步主导政府的决策。在这种思想认识的主导下，政府对于体制内的教育资源的推动的管理范式将不可避免的发生变化。过往以财政支持为主要工具的管理手段将变化为财政支持的范围扩大至体制内外，既包括学校也包括企业，并且更为重要的是制度供给将成为财政支持的辅助甚至替代手段，即用财政和创设新制度的手段鼓励办学主体的多元化。

目前，从我国职业教育发展的规划和法规上可以看出，该体制已经成为我国职业教育的发展目标。要完成这种目标，必将转变政府职能，从制度上承认参与职业教育各类组织的权益，这为组织外部的合作带来了契机。

（二）职业院校发展模式转型为组织合作提供了保证

以往的铺摊子搞建设的快速发展模式，已经完成其历史使命。在新的

时期内，面临着更加开放领域的竞争，职业院校必须在危机中转变思维。伴随着高考扩招，高职教育走过了快速发展的过程，以至于在高等教育中占有了半壁江山。但首先随着学龄学生的减少[1]，高职院校面临着与普通教育争夺生源的情况，比如高职教育与普通高等教育，中等职业与普通中学教育均有争夺生源的现象。招生形势不容乐观。

首先随着学龄学员的人数的减少，为了求得生存，职业院校需要不断扩大招生的范围，从社会培训市场上，从终身教育的需求中寻找机会。从以前的学历教育的模式上彻底转变为职业教育的模式。其次，随着就业市场的压力不断传递到教育组织，社会对于职业教育的至下而上的评价体系将逐步替代政府的主观评价体系，市场化的劳动力市场将会对于职业教育的教学模式产生更为猛烈的冲击。

（三）企业的非组织化是社会性契约的阿克琉斯之踵

在缺席了一段时间职业教育的发展后，企业组织越来越感受到了人力资源缺乏的压力。所以随着市场经济的逐步深入，越来越多的企业加入了自办学校的行列。但是这类企业一般都是大型企业，中小企业尚没有能力实现这一功能。而众所周知，从吸纳就业的角度上来说，我国的经济特点是中小企业占主导的经济，因此只有中小企业解决了职业教育的参与问题，中国的职业教育的企业参与度才是真正有意义的。但是我们也应该看到我国企业的组织化程度较低，代表企业利益的中间组织缺乏，这是影响建立社会性契约的最大的障碍。以我国职业教育管理者一直倡导推动的职教集团为例，职教集团发展势头良好，取得了一定的社会效益。但是众多的研究表明，职教集团的发展存在着企业深入参与不足，政府无法提供制度性支持的问题，这反映了目前我国职业教育组织合作不是基于社会性契约之下。从国外的发展经验看，社会性契约的发展条件首先是企业的自组织，自我约束来控制劳动力市场的进入标准，否则将存在搭便车的行为，从长期看这种行为将使企业的培训利益得不到保障，企业与学校组织的合作难以为继。

---

[1] 根据我国的人口统计，适龄生源的减少是完全可以预期的。

但是值得期待的是根据博兰尼[1]的洞见，市场经济转型期间，社会组织会对市场的冲击进行相应的保护，必然兴起的社会团体的力量对于自身的权利要求会更加迫切。这种力量如果能够在政府的协调下逐步形成社会伙伴关系，那么将为职业教育合作性契约带来希望。

（四）职业教育组织合作的可能趋势

依据我国对于历史经验和我国的现实的梳理，我们大胆预测，职业教育组织的变革可能会呈现如下特点：

1. 区域性的社会性契约将会率先出现

根据我们前面的推论，开放的职业教育管理空间将会为建立社会性契约带来契机。而根据我国目前职业教育制度发展的路向，职业教育的管理职能逐步下放到各个区域，某些案例显示，这种放权取得了良好的效应。因此，地方政府的制度创新的主体地位不容忽视。从我国制度变迁的历史来看，至下而上的诱制性变迁路径的可能性较大。

2. 拥有职业教育宽松发展环境的经济发达地区，职业教育的发展将会领先

根据上述推论，经济发达地区对于职业教育的需求更加强劲，但是同时也要看到普通教育与职业教育争夺资源的趋势，综合这两点来考虑，在发达的经济区域，如果普通教育的发展处于绝对主导地位，则对职业教育可能是不利的，反之，那些拥有宽松的职业教育发展环境的经济发达地区，职业教育的发展会取得更好的发展空间。

3. 拥有较好的行业管理组织的企业集体会与学校组织形成较好的合作

根据上述的推论，企业的自组织机构的缺乏是我国形成社会性契约的短板和缺憾，而幸运的是，我们也观察到在某些行业存在着良好的行业管理组织，这对于职业教育的组织合作是一个有力条件，职业教育管理集团应该利用这一点，率先在这些行业取得制度性的突破，为社会做出表率。同理可以预见，实践中的职业教育集团，将在这些行业取得较好的效应。

---

[1] 卡尔·博兰尼著：《大转型：我们时代的政治和经济起源》，冯钢、刘阳译，浙江人民出版社 2010 年版，第 15 页。

比如在《行业企业参与职业教育的本土经验及启示》[1] 一文中，作者指出“从中国邮政集团参与石家庄邮电职业技术学院的办学过程来看，成为中国邮政集团公司的一部分是石家庄邮电职业技术学院获得邮政集团（企业）支持的关键”。石家庄邮电职业技术学院的个案特殊性在于：中国邮政集团公司代表了邮政行业（垄断性质），石家庄邮电职业技术学院与其说是与企业合作，不如说是与行业合作；正因如此，职业教育的“外部性”没能成为中国邮政集团参与校企合作的阻力，即绝大部分石家庄邮电职业技术学院的毕业生会在行业内就业、行业内执行着共同标准、各企业之间不存在技术壁垒。正是在此背景下，校企合作的难题迎刃而解。

[1] 王东，张慧霞：《行业企业参与职业教育的本土经验及启示》，载于《职业技术教育》，2011 年第 16 期。

解构与重构：
我国职业教育组织的历史演变

第五章　职业教育组织的解构

从历史发展来看，职业教育组织可归属于三类，第一类为职业教育实施组织，第二类为职业教育管理组织，第三类为职业教育第三方组织。职业教育实施组织是指实施职业教育的主体，主要有基于学校的职业教育、基于工作场所的职业教育和基于社会的职业教育“三大支柱”。这三大支柱在不同的历史时期承载着不同的历史使命。职业教育管理组织是指职业教育行政管理组织，是行使职业教育管理职能的各级政府机构的总和。我国职业教育行政管理比较复杂，长期以来形成了在国务院领导下，教育行政部门、劳动部门、行业部门等“齐抓共管”的格局。职业教育第三方组织主要是指各类社会团体、研究机构，这些组织不参与行政管理，但对职业教育的发展起到了不可忽视的作用。有些社会团体在一定时期也是职业教育实施的主体。

一、我国古代社会分工与职业教育组织——原始社会至鸦片战争前

职业教育作为一种社会现象从原始社会便已存在。原始社会孕育了人类的初始文明，同时也形成了社会的初始分工。最早出现的是根据性别、年龄、地域等而进行的“自然分工”，男子以捕鱼、打猎、种植为主，妇女以采集、饲养或留守住地制造工具为主，老人和小孩是辅助劳动力，靠山者为猎人，近水者为渔夫，居草原为牧民，住沃野成农人。

随着生产工具的改进和制造水平的提高，社会生产力得到发展，物质财富出现剩余并被少数特权人物所独占。一方面，社会分工从自觉进入自发，手工业、原始商业相继与原始农业、畜牧业相分离，另一方面，伴随着私有财产和阶级的出现，脑力劳动和体力劳动相分离。社会分工和阶级

结合起来形成古代社会的“职业”，成为个人生活的来源和社会地位的象征。在秦汉时期，“士农工商”的社会分工已初步形成，四民分业、各尽其职，为时人所认可，成为中国古代关于职业及分工思想的基础。“士农工商”的社会分工决定了当时的四种职业教育形式：职官性职业教育、农业职业教育、手工业职业教育和商业职业教育。这四种职业教育主要通过基于学校的职业教育和基于工作场所的职业教育组织实施，其管理事也由官府负责。

（一）职官性职业教育

如果说职业教育的逻辑起点是职业，那么，“官吏”则是中国古代社会中长期存在且颇具影响力的固定社会职业。为培养这一特殊职业人才，职官性职业教育应运而生。早在夏商、西周时期就已经形成一套职官体系，各司其职，他们的身份、职守、地位和领地以世袭的方式父子相继、代代相传，历史上称为畴人世学。“畴人”即职官分布于社会各个管理部门，主要负责宗教祭祀、天文历法、农业畜牧业管理、手工业管理等。畴人世学的直接目的在传递知识和技能的同时，保证自己的家族能够长期拥有这种官职。到了春秋战国时代，官吏选任制度取代了官吏世袭制度，士阶层兴起。齐国的稷下学宫成为士阶层职业教育的官方组织，各地私学成为士阶层职业教育的民间组织。秦汉时期，封建王朝的建立，官僚体制庶务繁杂，需要大批熟悉政事、政务的人，因此形成秦汉时期职业化阶层——吏。秦在官府设立了“学室”，专门训练和培养吏员。而汉代的学吏致仕主要有三种途径，一是在学校学习儒学致仕，当时中央设有太学，地方也设立了专门学校培养吏；二是可以在工作中直接向长吏学习，即“以吏为师”；三是因明经而为吏，即精通儒家经典。从三国两晋南北朝之后，职官职业教育主要在学校中进行，相继出现了医学专科学校、算学专科学校、律学专科学校、书学专科学校、画学和书学专科学校、天文历法专科学校、培养外语专门人才的学校等。

（二）农业职业教育

在古代社会，农业最早与畜牧业相分离，人类由狩猎为生向农业种植为生转变的过程中，实际上已经存在着农业技艺的传授。《易·系辞》《白虎通义》记载了神农氏教民农作、教民粒食，《孟子·滕文公上》《吴越春秋》及《路史》中记载了其他氏族“教民稼穑”“拜弃为农师”“教民养蚕”。阶级社会出现后，历代统治者都非常重视农业的发展，劝课农桑成为农业职业教育的主要内容，通常采取天子亲耕籍田，率先垂范，职官上传下达，设置管理机构等形式进行农业知识、技术的推广和传播。这种形式的职业教育从商周时期的奴隶社会就已经开始，在整个封建社会时期得到广泛的发展，成为历代社会教化的重要内容。《周礼·地官司徒》中记载，大司徒具有“教稼穑树艺于民”的职责；秦汉时期，地方各级官吏承担起劝课农桑的任务，在汉史中，地方的“二千担”“循吏”“三老”“力田”等官吏都是农业职业教育的主要承担者；三国两晋南北朝时期将农业的效益与管理的业绩考核结合起来；唐朝也设有负责农业生产、推广农业技术的常设管理机构，地方政府的长官负责抄写并散发农事指导书等事宜；到了宋朝，更是将地方长官兼任“劝农使”制度化并付诸实施；明清时期，朱元璋亲自撰写劝农文，顺治十年开始实行“耕籍礼”，康熙帝下令重订《劝垦章程》，乾隆帝组织大臣编写大型综合性农书《授时统考》，可以说，已经形成了制度化的劝农政策。此外，在古代社会还编撰了《上农》四篇、《农桑辑要》《齐民要术》《便民图篹》《棉花图》等农书来传播重要农业知识，教授农业生产技术。

（三）手工业职业教育

据考古资料，中国古代精湛的技艺在世界可谓是领先水平。早在氏族社会时期，石器制作、制陶、制玉、冶炼等手工业就已经存在，夏商西周时期社会存在铸铜业、烧陶业、制骨业、酿酒业、宝石业、漆木业、纺织缝纫业，春秋时代，各种手工业者被称为“百工”。进入封建社会，随着行业的分化和技术进步，手工业内部的分工不断加剧，对手工业者的技艺的要求越来越高，因此，手工业领域的职业教育也不断加强。在我国古代，手工业分为官营手工业和私营手工业两种形态，出现了家传世袭和艺徒训练两种有代表性的职业教育方式。

家传世袭主要存在于私营手工业者当中。为了维护其产品的竞争优势，独到的生产技术传授必然以世袭形式，通过父子相传的方式代代相授。手工业者以家庭为基本单位，家长是劳动的组织者，也是技艺的传授者，子承父业，技艺绝不外泄。如中医方面的一些秘方、秘诀和家传技艺，对外人绝不轻易泄露，甚至家族内部也是嫡长一脉单传，以保证垄断地位。三国两晋南北朝时期，工匠的技术传授只能以“家传世学”的方式进行，国家严格禁止工匠设立学校，公开传授技术，要求匠户们遵循父兄之教、子弟之学的原则。在唐朝家传技术只能在父子、兄弟之间传授，为防止外泄，连女儿也不许熟知，如果女儿学习了家传的绝技，便不许出嫁，这成为唐朝各种工匠户遵守的一条非成文的规定。官营手工业中也存在家传世袭，突出表现在元朝。元朝采取特殊户口的方法来控制工匠，工匠的户籍编入另册，称为“匠户”。匠户的职业是世袭的，非经放免，子孙不能脱籍。实施此种制度，实际上仍然是父子相传，以家传的方式存在。

艺徒训练也就是师徒相传，这种教育方式主要存在于官营手工业者当中。艺徒训练产生于商周时期的宫廷作坊，到唐朝形成规模，到了宋代，发展趋于鼎盛。艺徒训练产在宫廷作坊、官营作坊中都普遍存在，并且形成了与手工业发展程度相适应的艺徒训练方法，一直延续到我国封建社会结束。宫廷作坊、官营作坊的管理主要由官府负责。首先，官府设立工商业的管理机构，同时培养所需要的技术人才。其次，在管理机构中的管理者，同时也是技艺传授的师傅。再次，在师徒相传、技艺传授过程中有明确的管理制度。如夏商周时期，官营手工业中的“工师”既是各种工业制度的主管人，也是训练手工业者的师傅。工师在执行教育和管理职责的过程中，第一，要确定手工业生产的标准与规范，即所谓法度，这是官营手工业教育中必须传授的重要内容。第二，工师通过制定严格的赏罚制度来履行其教育和管理职责。三国两晋南北朝时期，中央政府大多要设立种类繁多、规模宏大的官办工厂或作坊留在地方，州郡政府也多设有规模不等的地方官办手工作坊，称“作部”。到唐朝，官营手工业中产生了较为系统和发达的艺徒教育和培养制度。唐朝政府设有专管国有工业、手工业的政府部门，其最高政务部门为尚书省工部，下设少府监和将作监。唐代官营手工业中培养手工技术工人的艺徒制度主要由少府监具体管理，艺徒训练中师傅或教官由官营作坊中的工师担任。北宋官营手工业由中央的少府监、将作监、军器监掌管，中央管理部门中均进行艺徒的培训活动，强调“法式”培训，即强调工程、产品的制造、制作的技术规范和要求。

私营手工业中也存在艺徒训练。如春秋时期，由于私学盛行，有技能的工匠也会打破家庭圈子，或设学收徒，专门培养弟子，或招收徒工，在工作中传授技艺，墨子就是当时技术教育的集大成者。我国唐朝出现了“行会”这样的工商业组织，私营作坊间形成了大量的行会，行会内部有行头，而且行会内部保持着尊卑长幼的师徒关系，存在行东、行会师傅、帮工以及学徒。但中国行会与欧洲中世纪的行会制度截然不同，中国的行会并不存在严格的行规来规定作坊的生产和销售，也不存在关于学徒入学、生活、学习及出徒等方面完备的制度。行会只是雇用一些帮工或学徒，通过直接参与劳动的方式令其学习和提高技艺，最终成为熟练的劳动者。[1] 这些行会同样由官府控制和管理。

（四）商业职业教育

商业相对于畜牧业、农业、工业，其发展规模比较小，商业职业教育被轻视、鄙薄甚至忽略。在夏、商、西周时期出现了“工商食官”，即由官府所属的各种手工业者以及为官府了解市场行情和购买货物者。到了秦汉时期商人非常活跃，商人成为一个重要的社会阶层，形成了“士农工商”的社会分工思想。最初的商人并非专职，而由农民及手工业者兼职，后来逐渐发展为专职。对于商业者的教育历史主要通过家传世袭、世代相传、父子相授的家庭教育方式，每个家庭就是一个经济独立体，也是一个教育独立体。

总之，职业教育作为一种社会现象起源于原始社会。到了古代社会，随着技术的进步、行业的分化及职业的细化，出现了基于社会分工的早期职业教育组织形式。农、工、商职业教育与劳动过程、生活过程相伴相随，目的是为向下一代传递生产、生活经验，多以“子承父业”或“师傅带徒弟”的形式进行。

---

[1] 米靖：《中国职业教育史研究》，上海教育出版社 2009 年版，第 85 页。

职官性职业教育是一种古代社会特殊的职业教育形式，有些研究者认为针对“官吏”这一职业的教育属于普通教育。不管是农、工、商职业教育还是职官性职业教育，由于古代社会分工相对简单，职业流动性小，职业教育门类较少，层次单一，管理相对简单，并没有形成职业教育体系。

二、我国近代社会变革与职业教育组织——鸦片战争至新中国成立前

伴随着鸦片战争，西方以坚船利炮打开了清朝政府的大门，对中国展开了经济掠夺和政治压迫，从此中国被一步步推入半封建半殖民地社会。社会的动荡必然带来教育的变革。清政府地主阶级改革派提出“经世致用”的教育主张，提倡学习西方先进的知识和技术，提出了具有启蒙作用的职业教育理念；自强求富的洋务运动促使了实业学堂的产生；早期改良派、维新派将职业教育纳入近代学制的研究视野，勾勒出具有近代意义的职业教育体制格局；民国政府“实利主义”的推行促成了实业教育制度的发展和完善；新文化运动催生了中华职教社的成立；国民政府在“三民主义”教育宗旨指导下，建立了职业教育学制体系，为其后职业教育发展奠定了基础；中国共产党领导下的革命根据地，创造出灵活多样的职业教育培训形式。总之，我国近代的职业教育伴随着国际和国内政治形势的需要而发展，形成了实业学堂、职业学校、管理机构、社会团体、培训班等多种职业教育组织形式。此外，在中国近代，职业教育体系也逐渐完善。在层次上，借鉴了当时的日、英、美、德、俄的做法，以初、中级为主；在类别上，分农、工、商、商船、家事、师范等，仍以农、工、商、商船为主；在阶段上，职业启蒙、职业准备和职业继续教育齐全。

（一）职业教育实施组织

1. 实业学堂

“实业学堂”主要创办于鸦片战争至清朝末年，从创办者来看有两个办学主体，一是外国传教士，二是中国清政府。最早在中国出现的实业学堂是由传教士创办的。外国传教士伴随着西方国家的坚船利炮翩翩而来，他们大部分到中国是为了传扬福音，进行文化侵略的，但同时，他们也很

自然地传播了国外先进的技术。如1850年北长老会在上海设立清心实业学校，1861年又设立清心实业女中学。此后还设立了苏州医学校、护士职业学校、青年会商业夜校等。这些按照西方教育模式所办的实业学堂，为此后中国人创办实业学堂提供了可借鉴的经验。

清政府最早奔波于实业学堂的建立当属洋务运动的改革先锋，在中央以奕䜣、桂良等权贵为代表，在地方有曾国藩、李鸿章、左宗棠、张之洞等封疆大吏为代表。他们主要创办语言、军事和技术学堂。如建于1862年京师同文馆、1866年的福州船政学堂、1874年的上海江南制造局操炮学堂等。随后，在早期改良派、维新派的推动下，职业教育突破了洋务派仅仅囿于语言、军事和技术学堂的局限，主张设立制造、种植、工艺、商务等实业学堂，主要包括农务学堂、蚕桑学堂、矿务类学堂、工艺学堂、翻译学堂、医学学堂及铁路学堂。如江西高安蚕桑学堂、杭州蚕学馆、农务学堂、湖北工艺学堂、广东商务学堂、汉阳钢铁学堂等。1901～1911年清末"新政"期间颁布了"壬寅学制"和"癸卯学制"，标志着实业教育体系的初步形成。"壬寅学制"是近代第一部由中央颁布的全国性学制，但最终并未实施。由中央颁布并实施的第一部学制为"癸卯学制"。"癸卯学制"规定实业教育在层次上分为初、中、高三等；在阶段上分为职业启蒙、职业准备和职业继续教育三个阶段；在类型上分为农、工、商、商船4种；形式上有初等实业学堂、中等实业学堂、高等实业学堂、艺徒学堂、实业补习普通学堂、实业教员讲习所等。

2. 实业学校

"实业学校"一词是民国政府时期使用的称谓。民国初年的教育宗旨强调"实利主义"，1913年8月公布了《实业学校令》和"壬子癸丑学制"，明确规定"实业教育以教授农、工、商业必需之知识与技能为宗旨"，这一目的基本继承了清末"癸卯学制"中职业教育的宗旨，只是将实业学堂改为实业学校和专门学校。实业教育分为三级：初级统称为"乙种实业学校"，实施"简易之普通实业教育"，与高等小学并行。中级统称为"甲种实业学校"，实施"完全之普通实业教育"，与中学校并行。高级叫做"专门学校"。各实业学校的种类可分为农业、工业、商业、商船四大类。另外，实业学校内还附设补习科、专修科、分科大学和专门学校，还设有舍业教员养成所等。各地还可设女子职业学校。实业学校的层次可分为省级、县级、城镇或乡级。根据投资主体不同，有公立和私立实业学校。各种实业学校均不以升学为目的，学生毕业以后，也不拥有升学机会。[1]

3. 职业学校

1922年教育部颁布新学制即“壬戌学制”，规定不再有“实业学堂”“实业学校”的名称，全部改称为“职业学校”。原高等教育等级以上的实业教育仍为专门学校。“壬戌学制”反映了当时社会发展对教育的新要求。一是学制由双轨改为单轨。清末与民初的学制在初等小学以后即区分为普通教育与实业教育，而新学制则由小学、中学、大学一脉相承，将职业学校、师范学校与普通中学混合成一种“综合中学”，以此提高职业教育的社会地位。二是采取弹性学制，只有入学年龄的限制，没有修业年限和文化程度的限制。三是兼顾升学与就业。如小学阶段的职业教育准备以及中学开设的职业科，使学生既准备升学，又能尽快就业。四是根据世界各国惯例，把职业教育职能归属于初、中等教育，教育重心下移，符合当时我国的国情。

国民政府时期，小学分为初、高两级，在后两年的高小课程中，可以酌地方情形，增设职业准备学科。小学中的职业教育以及职业补习学校属于初等职业教育。初中3年可以根据地方需要，兼设各种职业科。与高级中学对应，可以单独设立农、工、商等高级职业中学。初中的职业教育和高级职业中学属于中等职业教育。1929年国民政府颁布《专科学校组织法》将“专门学校”改称“专科学校”，专科性质的高等职业技术教育制度逐渐形成。

中国共产党领导对职业教育极其重视。在苏维埃革命根据地试办职业中学，面向红军和干部开办农业、医疗卫生、通信、艺术和财经等方面的学校，在抗日革命根据地，开办陕甘宁边区农业学校、白求恩卫生学校、陕甘宁边区妇女职业学校、山东财政经济学校、东北抗日根据地电信学校，在解放区开办陕甘宁边区西北医药专科学校、张家口农科职业学校及

[1] 李向东，卢双盈：《职业教育学新编》，高等教育出版社2005年版，第53页。

太行区公立工业职业学校等。

4. 短期培训班

近代社会职业培训组织经历了从无到有，从萌芽到逐步发展壮大的过程。无论国民政府还是革命根据地，都十分重视短期职业培训。

国民政府颁发的《短期职业训练班暂行办法》要求省市县根据地方需要，在各级学校设立初、中、高三级职业补习学校，各地方政府、行政机关、私人或团体，可根据地方需要兴办高级职业科目补习班或短期职业培训班，凡培养技术人员的各种传习所、养成所、讲习所等，都属于短期职业训练班，训练期限一般为 3 ~ 15 个月，受训者培训后，若结业考试合格，发给某项专业技术成绩证明书，这与现在的职业资格证书非常类似。[1] 1939 年，为适应抗战的需要，蒋介石下令国防工业委员会筹设技工训练处，负责办理技工培训。

中国共产党领导下的革命根据地在特殊的历史环境下，更是采取灵活多样的培训形式对劳苦大众开展全民性的群众教育运动。这种教育主要针对工人、农民，成立识字班、开办农村夜校、工人补习班、地雷训练班、短期干部学校等，内容涉及工、农、医、财政、司法、行政、艺术，采取半工半读、半耕半读等形式，提高他们从事种田、做工及作战的知识和能力。此外，中华职业教育社开设晨校、夜校、“通问学塾”等多种类型的职业补习学校。

据 1941 年《教育部工作报告》记载，1940 年举办的职业训练班有 22 个，涉及南充蚕桑职业学校、榆林工业职业学校、教育部小工艺训练班、中华职业学校等 18 所学校。[2]

（二）职业教育管理组织

中国近代随着各地实业学堂的举办，对新的教育行政机构提出了要求。1904 年京师专设总理学务大臣，下设六处管理全国学务。其中实业处负责管理实业学堂的设立、教学、教职员考核等有关事务。1905 年科举制

[1] 黄尧：《职业教育学——原理与应用》，高等教育出版社 2009 年版，第 409 页。

[2] 谢长法：《中国职业教育史》，陕西教育出版社 2011 年版，第 228 页。

度被废除后，清廷设立学部，内置五司管理全国教育事务，其中“实业司”负责农业学堂、工业学堂、实业教员讲习所、艺徒学堂等各种实业学堂的设立维持、课程规程及管理员、教员、学生等事项。1906 年各省设立学务公所，分六课管理全省地方学务，其中实业课掌管本省的各类实业学堂的设立维持、课程规程及管理员、教员、学生等事项。学部实业司和学务公所实业课的设置，是中国近代独立实业教育行政机构设立之始，至此，全国的实业教育走上相对组织化和规范化的发展道路。[1]

1912 年 1 月 3 日，南京国民政府正式成立，9 日，新的中央教育行政管理机构——教育部取代学部正式成立。教育部设实业教育司，掌管农、工、商、艺徒、实业补习等学校事项，1913 年之后实业教育司被取消，实业学校的有关事宜归入普通教育司的事业科管理，同时教育部要求各省市厅局设置“职业教育设计委员会”，负责调查研究之类的任务。为加强职业学校与经济生产部门之间的关系，国民政府从 1938 年开始推行“建教”合作制度。由教育部会同中央有关部委，分派代表组成“中央建教合作委员会”，主要负责的工作是统计调查各项技术人才、职业介绍、专科大学设科计划及其毕业分派，以及加强教育机关与建设机关的联络。

（三）职业教育第三方组织

伴随着职业教育在学制上地位的确立，对职业教育理论的探讨越来越受到重视。这其中，职业教育团体发挥着极其重要的作用。

1. 全国教育会联合会

“全国教育会联合会”是 1915 年成立的全国性民间教育团体，它由各省教育会及特别行政区域教育会推派代表组成。该会仿效欧美，以教育会联合会形式讨论教育利弊得失，邀请教育家及富有学识经验者共商教育大事。全国教联历届年会研讨的问题涉及普通教育、实业教育、社会教育、义务教育、职业教育、师范教育等，几乎囊括了整个教育领域的方方面面。其所讨论议决的提案，多为当时国内教育之重大问题，如有关实业教

[1] 谢长法：《中国职业教育史》，陕西教育出版社 2011 年版，第 55 页。

育、职业教育、修改学制及社会教育等。[1]

2. 中华职业教育社

中华职业教育社简称中华职教社，1917 年成立于上海，致力于研究和宣传职业教育理论，提倡和实施职业教育实践，是我国倡导和实施职业教育的一个历史悠久的社会团体。在新中国成立前，中华职教社主要工作有：职业教育理论的研究和宣传，创办职业学校和补习教育，推行职业指导，开展农村试验等。[2]

3. 中华教育改进社

1921 年 12 月，新教育共进社、新教育编辑社、实际教育调查社三者合并，以“教育的科学研究”与“科学教育的改善”为口号，创设了新教育研究团体——“中华教育改进社”。中华教育改进社通过召开年会，向政府提交议案，向社会公布等形式影响着教育的发展。如 1923 年中华教育改进社第二届年会，职业教育组（黄炎培为主任）通过 7 项议案，1924 年第三届年会又通过 7 项议案，1925 年第四届年会职业教育组通过议案共计 5 项。

总之，中国近代的职业教育体现了鲜明的社会性和历史性，在特殊的社会背景下，各类职业教育的组织形式应运而生。首先，学校职业教育在变化中求得发展。实业学堂在洋务运动的推动下建立，实业学校在民国时期盛行，职业学校在国民政府的大力倡导下，在革命根据地的重视下而发展壮大。尤其在中国近代出现了实业教员讲习所、女子职业学校、职业补习学校等学校类型来专门培养教员、妇女以及社会人员。其次，灵活多样的短期培训备受共产党的青睐。由于常年战争，共产党领导下的战时教育，紧密结合工人、农民的文化需求和战争的需要，开办农村夜校、成立识字班、读书班、读报班，创办农业工人补习学校、地雷培训班、“地下建设”训练班等普及人民大众的务农、做工知识并训练作战技能。再次，全国性教育团体形成群落。进入民国之后，教育界的联合是一个重要的现象，不但各省教育会和其他教育社团联合组成新团体，而且全国性教育社

[1] 李露：《论“全国教育会联合会”对民初教育立法的影响》，学术论坛，2000 年第 3 期。

[2] 米靖：《中国职业教育史研究》，上海教育出版社 2009 年版，第 187 页。

团也开始不断出现。在1922年壬戌学制产生之前，组织比较健全、活动时间较长、作用比较显著的全国性教育社团有全国教育会联合会、中华职业教育社、中华教育改进社等。这些社团的成功组建和活动情况显示，民国初期的中国教育家群体顺应时代要求，团结协作，结成了全国性网络，同时产生了一批在全国范围内具有相当影响力的领军人物。在他们的带领下，不同社团发挥不同的功能，形成了目标基本一致的近代教育家社团群落，在民国初期政治混乱，社会经济恶化的不利条件下，推动了中国教育的发展。[1]

三、我国现代社会初探与职业教育组织——改造与受挫时期（1949～1978年）

1949年中华人民共和国成立，结束了帝国主义、封建主义和官僚资本主义在中国的统治，我国由半殖民地半封建社会进入了社会主义社会。同年10月，成立教育部，职业教育进入新的发展阶段。

“文化大革命”前，我国职业教育体系进行了两次重要的调整。1951年第一次全国中等教育会议后，开始了新中国成立后第一次职业教育体系调整。这次调整借鉴了苏联办学经验，将高级职业学校改办成中等技术学校，具有高等职业教育性质的专科学校纷纷下马。1952年9月教育部发出《关于统一中等技术学校（包括专业学校）名称的规定》，统用“中等专业学校”的名称。1953年政务院决定把各类技工训练机构积极发展为以培养技术工人为目标的各类技工学校，由劳动部进行综合管理。1958年中共中央、国务院发布的《关于教育工作的指示》，指出教育要办三类学校，第一类是全日制学校，第二类是半工半读学校，第三类是各种形式的业余学校。同时，指示还提出“学校办工厂和农场，工厂和农业合作社办学校”等要求，各行各业各行其是，大办教育。至此，中国职业教育开始了第二次调整，基于学校的职业教育、基于工作场所的职业教育和基于社会的职业教育成为职业教育实施的三大支柱。

---

[1] 孙广勇：《民国初期全国性教育团体群落论》，韶关学院学报·社会科学，2007年第8期。

（一）职业教育实施组织

1. 半工（农）半读学校

半工（农）半读学校是1957年在党中央的号召下，由厂矿、企业和农业合作社根据自身的条件举办的农业中学、工业中学、手工业中学等。一般招生对象为十几岁的青少年，教育层次低于全日制中等技术学校，从教育形式看，一半时间学习，一半时间劳动，教育内容属于职业技术教育范畴。

2. 职业中学

职业中学可分为农业中学、工业中学、手工业中学、职业高中等，招收初中毕业生，以培养各种劳动和技术后备力量为目的，主要面对农村，根据工农业生产和人们生活的实际需要设置专业，主要有工科、农林、医科、财经、政法等。其办学可以通过五个方面：一是通过初中改办，二是发动各厂矿、企业和大农场、林场办，三是国家直接办，四是在现有中学内增设职业班，五是军队也可以办。

3. 技工学校

技工学校由劳动行政部门管理，其前身是1952年举办的各种类型的转业训练班。技工学校招收初中和高中毕业生，基本任务为国家经济和各部门培养和输送具有社会主义觉悟、能够掌握现代化生产技术知识和技能、身体健康的中级技术工人。

4. 中等技术学校

中等技术学校又分为普通中等专业学校和普通中等师范学校。中等专业学校的前身是高级职业学校，由中央和地方政府的部委举办，由相应的教育部门与有关业务部门分工领导。1951年全国中等技术教育会议提出，其根本任务是培养大批具有一般文化科学基本知识，掌握现代化技术，体格健康，全心全意为人民服务的初、中级技术人才。

5. 工农教育

工农教育即职工和农民的教育，始于工人补习教育和识字运动，分初等、中等和高等，带有职业性，由职工、农民中等和高等技术学校、业余中等技术学校承担，负有普及教育和培养中、高级专门人才的双重任务。业余高等学校包括面授、广播学校、干部业余学校、职工学校、函授、夜大等。在农村，开展农民技术教育，主要由初、中等农民技术学校承担，或举办各种短期轮训班、专题讲座、广播、函授等，为社会培养农、林、牧、渔方面的专业技术人员。

1966年“文化大革命”开始后，中等专业学校、技工学校、农业中学、职业中学和半工（耕）半读学校基本停止招生，或改成普通中学，使中等教育结构单一化。直到1979年中等技术学校和技工学校开始恢复招生，农业中学、职业高中基本停办。到1976年，职业学校（中等专业学校、技术学校、农业高中、职业高中）在校生总数只占高中阶段教育在校生总数的1.16%，而中等教育阶段中接受职业技术教育的人数仅为适龄人口总数的5.7%，致使我国国民教育体系结构单一，重普通教育，轻职业教育。

（二）职业教育管理组织

1.1949～1957年：基本形成阶段

我国从恢复国民经济开始，就逐步建立起权力高度集中的中央领导体制和计划经济体制。与此相适应，我国这一时期的职业教育按照“谁用干部谁办学校的原则”，对各类中等专业学校（除中等师范学校）采取由中央教育部门、劳动部门间接管理，中央各业务部门直接办学和管理的管理体制。首先，建立中等职业技术教育管理组织机构。1952年11月15日，中央人民政府委员会第19次会议通过决议，成立高等教育部，中等技术教育工作划归高教部建制，高教部成立中等技术教育司专管此项工作。地方中等职业教育则相应由高等教局（或教育局）管理。1953年政务院决定技工学校由劳动部进行综合管理。其次，明确了职业教育直接管理、间接管理的职责分工。有关学校的教育方针、制度、普通课程教学计划、全国总的规模设置和招生计划以及其他有关教育原则方面的问题，由中央人民政府教育部决定（军事学校除外），各地人民政府的教育部门予以实施。有关学校的具体设置、变更、停办、分科、招生、专业课程、实验实习、经费开支、毕业生分配以及其他事宜等，分别由各业务部门直接决定。[1]

[1] 王立祥：《我国职业教育管理体制的历史嬗变及改革方向》，职业技术教育，2011年第19期。

2. 1958～1965 年：调整、发展阶段

1958 年 8 月，中共中央和国务院又发布《关于教育事业管理权下放问题的规定》，确定："职业中学、一般的中等专业学校和各级业余学校的设置和发展，无论公办或民办，由地方自行决定。新建高等学校和中等工科技术学校，地方可以自行决定或由协作区协商决定。"9 月，中共中央、国务院发布《关于教育工作的指示》，要求少数由中央各业务部门直接管理的学校都要下放给所属企业直接管理。同时，提出要多快好省地发展教育事业，"两条腿走路"办教育事业。1964 年两种教育制度、两种劳动制度的贯彻执行，使得农村职业中学、半工半读学校获得蓬勃发展，这些学校都是由各市、县教育部门直接管理，由此使得我国职业教育在"条条"管理的基础上，又产生了"块块"管理，职业教育"多头管理""条块分割"的局面由此形成。

为加强对职业教育的领导管理和统筹协调，我国对职业教育管理机构进行了几次调整。1958 年 2 月 11 日，一届人大五次会议通过决定，将高等教育部和教育部合并为教育部。教育部设有中等专业教育司和师范教育司，分别管理全国的全日制中等专业学校和中等师范教育。全国技工学校的综合管理工作由劳动部负责。为进一步贯彻普通教育与职业教育并举的方针，1963 年 12 月 16 日，周恩来总理在国务院第 137 次全体会议上宣布，将教育部分为高等教育部和教育部。1964 年 3 月，两部正式分开办公。4 月 2 日，为推行两种教育制度，国务院决定将技工学校的综合管理工作由劳动部划归教育部。对于地方劳动部门办的技工学校，仍由劳动部门直接领导。6 月 15 日，经国务院批准，高等教育部设中等专业教育司，教育部设职业教育司和师范教育司。职业教育司负责综合管理全国技工学校和城市、乡村职业学校的教育工作。由于中等专业教育司和职业教育司分设在两个部，给统筹职业教育工作造成了困难，为统一和加强对半工半读中等专业学校的领导，加速建立两种教育制度，1964 年设在高教部的中等专业教育司的工作和机构，连同干部，又统一划归教育部管理，与教育部职业教育司合并，仍称中等专业教育司。

3. 1966～1976 年：瘫痪、调整阶段

1966～1970 年，随着"文革"的开展，职业技术教育受到严重破坏，职业教育管理体制也陷入解体的境地。1970 年 6 月 22 日，中共中央批示全国

各部委进行机构调整，成立国务院科教组这一临时性的工作机构，恢复了国家对教育事业的行政领导。对于职业教育的恢复和调整，其管理体制、运行方面的政策措施散见于1973年7月颁发的《国务院批转国家计委和国务院科教组关于中等专业学校、技工学校办学中几个问题的意见》中。该意见提出，“地方办的中等专业学校、技工学校在地方党委的一元化领导下，由地方革命委员会有关业务部门主管，全面负责管理学校的各项工作；中央各部门及其直属企事业单位办的中等专业学校、技工学校，实行与其有关企事业相适应的管理体制”。从中可以看到计划经济体制下“条块分割”的管理体制和职业教育统一招生、统一分配、统一工资标准的运行机制。

总体而言，1949～1978年，经历了社会主义改造、大跃进、“文化大革命”几大事件的中国职业教育体系经历了“除旧布新”的转变。职业教育体系在性质上，逐步造成大众的、民主的教育；在层次上，分为初、中等，中等技术教育是主体，还有极少数部分的高等技术教育，主要在高校进行；在类别上，分为工科、农林、医科、财经、政法、体育、文教、艺术、旅游服务等，比解放前大幅增加；在阶段上，新中国成立后职业启蒙阶段的教育并未发生变化，仍在小学进行，职业准备阶段的教育主要在初中和高中进行，职业继续教育阶段的教育在各类中高等技术学校和业余学校进行；在形式上，分为学校教育和学徒制，企业、工厂、农场、军队等部门也参与到职业教育办学中来；在分布上，城乡二元结构明显，但较解放前已有很大改进，农村开展的农民技术教育，主要由初、中等农民技术学校承担，或举办各种短期轮训班、专题讲座、广播、函授等，为社会培养农、林、牧、渔方面的专业技术人员。

四、我国现代社会发展与职业教育组织——完善与创新时期（1978年至今）

1978年党的十一届三中全会为中国经济转型拉开了新的序幕，奔腾不息的改革大潮从此喷涌而出。1978～1991年是我国国民经济恢复和市场机制引入时期，其标志性的事件是十一届三中全会的召开和1984年《中共中央关于经济体制改革的决定》的发布。1992～2002年是我国社会主义市场经济的全面建设阶段，标志性事件是1992年10月中国共产党第十四次全国代表大会的召开。2003 年之后，我国社会发展进入战略调整期，在新的形势下，政府开始把工作重心转移到促进社会协调发展上来。其标志主要是2003 年党的十六届三中全会“科学发展观”的提出。职业教育组织的发展恰与改革的滚滚大潮相伴而行，不断地改变、完善和壮大自己。

（一）职业教育实施组织

伴随着我国现代社会经济转型，职业教育以经济建设为中心，立足于改革开放，积极借鉴和吸收国外职业教育的经验，不断完善与创新，获得长足发展。经过中等职业教育的恢复，高等职业教育的兴起和发展，职业教育形成了初级、中级和高级三个办学层次，民办和公办两种办学方式，职业学校教育、职业教育集团、职业培训和民间学徒与现代学徒 4 种教育形式。

1. 职业学校教育

职业学校教育是我国职业教育的主要组织形式，由各级各类职业学校承担。

初等职业。学校仅有职业初中；中等职业学校包括中等专业学校、职业高中、技工学校和成人中专；高等职业学校主要包括职业技术学院、成人高校、专科学校、五年一贯制等。

职业初中。职业初中是九年义务教育的组成部分，招收小学毕业生入学，学制 3 ~4 年，主要存在于我国的偏远地区，培养具有某种初步的职业基础知识和一定职业技能的工人、农民和其他从业人员。

中等专业学校。中等专业学校是新中国成立后，在接管并改造旧中国的高级职业学校的基础上逐步建立和发展起来的，分为普通中等专业学校和成人中等专业学校。其中成人中等专业学校是针对成人实施的中等职业教育，既是职业教育，也是中等层次的成人教育。

职业高中。职业高中主要是由 1985 年以来在改革中等教育结构的基础上发展起来的，大部分由普通高中改造而来。职业高中招收初中毕业生，大多学制为 3 年。

技工学校。技工学校主要面向制造业和加工业，学制 3 年，主要培养中级技术工人。

成人中专学校。成人中等专业学校是广播电视中专学校、干部中专学校、职工中专学校、农民中专学校、函授中专学校和教师进修学校的统称。

职业技术学院。职业技术学院是1997年以后发展起来的，有公办和民办两类，目前是我国实施高等职业教育的主体，招收普通高中和中等职业学校毕业生，学制2~3年，主要培养应用型高级技术人员、管理人员。

职业大学。职业大学于20世纪80年代首先出现在一些经济发展较快的城市，是由省市级人民政府按照本地区建设需要创办的一种高等学校，一般招收普通高中毕业生和中等职业技术学校毕业生，学制2~3年，主要是为本地区培养高级应用型技术人员。随着高等职业技术学院的发展，大部分职业大学进行了改制。

高等专科学校。我国的高等专科教育是20世纪50年代以后作为弥补中等专业教育数量不足而实施的一种过渡性教育。20世纪80年代之后，高等专科学校得到较大发展，类型多样，其中很大部分归属于高等职业教育。进入21世纪，一部分中等专科学校升格为普通本科，目前的高等专科学校在类型上主要有医学类与师范类。

成人高等学校。成人高等学校是广播电视大学、职工大学、农民高等学院、教育学院、管理干部学院、函授学院的统称。

2. 职业教育集团

职业教育集团是新形势下整合教育资源、实现优势互补、谋求共赢发展、推动职业教育向规模化连锁化方向发展的一种新的教育组织形式。20世纪60年代，国外开始出现职教集团，90年代末，我国的职业教育集团化办学快速发展。职业教育集团是由学校、企业、行业、研究机构等若干实体组成的联合体，根据各成员单位实现集团化办学的结合关系，职业教育集团可以分为三种类型：一是校校联合，以高职院为龙头，中职校为主体，企业广泛参与立团。二是校企一体，以校立团。它以集团名称“冠名”，学校是集团的主体，企业或行业为集团提供教育投资等服务。三是合并重组，整体相融。学校、企业或其他实体以联合办学的形式加入集团，不再具备独立法人的资格，在人力、物力、财力上实行资源共享。

3. 职业培训机构

职业培训作为职业教育体系中的重要形式之一，在“癸卯学制”就已经发展起来。职业培训是按照职业或岗位对劳动者的要求，以开发和提高劳动者的职业技能为目的的教育和训练活动，是非学历性短期职业教育；依据职业技能标准，培训的层次分为初级、中级、高级和其他适应性培训。职业培训主要在高等教育机构、中等职业教育机构和职业培训机构中进行。职业技术培训机构是职业培训的主体，主要有就业及创业培训、各种职业资格取证培训、职工技术培训学校、农村成人文化技术培训学习以及其他培训机构。

4. 民间学徒制与现代学徒制

民间学徒制是以经验技术为主的生产劳动技术传授方式。在我国，特别是广大农村地区以及西部地区，许多手工艺都保留了古代师傅带徒弟的方式世代相传。现代学徒制，又称新学徒制，是为适应信息社会、知识经济社会对高技能人才需求而发展起来的，是传统学徒培训与现代学校教育相结合、企业与学校合作实施的职业教育制度。这种制度在德国、英国和澳大利亚等西方国家备受推崇，在我国也逐步开始了试点工作。无论是民间学徒制还是现代学徒制，均属于基于工作场所的职业教育，是在工作场所进行的以言传身教、企业培训为主的教育形式。

（二）职业教育管理组织

1. 1977～1990 年：改革阶段

经历了十年浩劫，已接近瘫痪的职业教育管理体制并没有像预期的那样进行与经济体制和行政管理体制改革相适应的调整，而是首先恢复原有的管理体制。不过，这一期间的职业教育管理也发生了一些变化，即更注重各部门之间的协调，“统一管理，分工负责，通力协作”成为改革开放后我国职业教育管理体制的显著特点。

1978 年 2 月，教育部将全国技工学校的综合管理工作重新划归国家劳动总局主管（原劳动部），8 月教育部将中等教育司改为职业技术教育司，对职业教育事业进行规划和统筹指导。

1983 年，教育部、劳动人事部、财政部、国家计委发布的《关于改革城市中等教育结构、发展职业技术教育的意见》提出：各级政府要加强统一领导，有关部门要明确分工，各负其责，搞好协作。教育部门要设立职业技术教育机构，与计委、劳动人事部门一起，制订职业技术教育的发展规划；会同有关部门制订专业目录；负责制订职业技术教育的具体政策、规章制度和教学计划。计划部门要把职业技术教育列入国民经济和社会发展计划。劳动人事部门要把职业中学和职业（技术）学校（班）的毕业生正式列为劳动力资源的一部分，按照“三结合”的就业方针进行统筹安排，并负责综合管理技工学校和就业前的各种职业训练班。财政部门要会同有关部门负责职业技术教育经费的落实。

1985 年，《中共中央关于教育体制改革的决定》中指出：中等职业技术教育主要由地方负责，中央各部门办的这类学校，地方也要予以协调和配合。

中华人民共和国教育部在 1985 年至 1998 年称中华人民共和国国家教育委员会。1986 年国家教育委员会发出《国家教育委员会关于建立职业技术教育委员会的通知》，正式成立职业技术教育委员会。该委员会是国家教委领导下的一个协商、咨询机构，主要任务是协调各部委、各有关部门和省、自治区、直辖市及计划单列市的职业技术教育工作，对重大问题进行磋商并提出方案供国家参考。委员会办事机构和行政业务由国家教委职教司负责。

2. 20 世纪 90 年代到 21 世纪初：发展阶段

20 世纪 90 年代以来，随着国家经济体制和政治体制改革的深入，多头管理、条块分割、政府缺乏有效统筹的职业教育管理体制弊端愈发凸显。1991 年，《国务院关于大力发展职业技术教育的决定》指出：各级政府及中央与地方的各有关部门要对职业技术教育分工负责。按照《中共中央关于教育体制改革的决定》，国家教育委员会负责掌握职业技术教育的大政方针，统筹职业技术教育的发展，协调各部门有关职业技术教育的工作，统一部署和指导职业技术教育的改革。发展职业技术教育主要责任在地方，关键在市、县。在中央统一的方针政策下，由地方政府统筹安排本地各类职业技术教育的布局、专业（工种）设置、招生、毕（结）业生就业安置及中、长期规划。按照这一思路，我国逐步建立起了“在国家统一领导下，地方负责，分级管理，政府统筹，以市为主”的职业教育管理体制。

为深化职业教育管理体制改革，国家又相继颁发一系列政策，进一步明晰了职业教育管理体制改革的思路。1993 年，中共中央、国务院印发的《中国教育改革和发展纲要》提出：中等及中等以下教育，由地方政府在中央大政方针的指导下，实行统筹和管理。县、乡两级政府要把教育纳入当地经济、社会发展的整体规划，分级统筹管理基础教育、职业技术教育、成人教育，统筹规划经济、科技、教育的发展。

1994 年，《国务院关于〈中国教育改革和发展纲要〉的实施意见》指出：中等和中等以下职业教育和成人教育要进一步理顺管理体制。中央和地方教育行政部门对职业教育和成人教育负有统筹、协调和宏观管理的责任。以进行学历教育为主的职业学校和成人学校，原则上由各级教育部门进行管理。职业培训和在职的岗位培训工作，原则上由各级劳动、人事部门和有关业务部门进行管理。

1996 年，《中华人民共和国职业教育法》第十一条规定：国务院教育行政部门负责职业教育工作的统筹规划、综合协调、宏观管理。国务院教育行政部门、劳动行政部门和其他有关部门在国务院规定的职责范围内，分别负责有关的职业教育工作。县级以上地方各级人民政府应当加强对本行政区域内职业教育工作的领导、统筹协调和督导评估。

1998 年，国家教育委员会更名为教育部，教育部设立职业教育与成人教育司，其主要职责是：统筹管理普通及成人中等职业学历教育、成人文化技术教育，编制中等职业教育的专业目录和教学指导文件，指导社会力量举办各类中等职业教育学校的工作以及职业证书考试。教育部在高等教育司设立高职高专教育处，负责高等专科学校和高等职业学校的管理工作。

2004 年教育部成立农村劳动力转移培训领导小组，统筹领导教育战线从农村劳动力转移培训各项工作。领导小组设在职业教育与成人教育司。

1999 年，中共中央、国务院颁布的《关于深化教育改革全面推进素质教育的决定》指出：把发展高等职业教育和大部分高等专科教育的权力以及责任交给省级人民政府，省级人民政府依法管理职业技术学院（或职业学院）和高等专科学校。

2008 年，将人事部、原劳动和社会保障部职责整合，划入人力资源和社会保障部，内设职业能力建设司，负责技工学校及其职业培训等管理工作。

（三）职业教育第三方组织

1. 中国职业教育学会

1990 年 11 月中国职业技术教育学会在北京正式成立，是全国群众性职业技术教育团体和职业技术教育工作者自愿组成的群众性、学术性社会团体，接受中华人民共和国教育部和民政部的管理和业务指导，是国家一级学术社会团体，建立起全国性的职教社团组织网络。

2. 行业协会

1990 年 6 月中国职工教育和职业培训协会成立；1991 年 11 月中国煤炭教育协会成立；1992 年 8 月，中国纺织服装教育学会成立。1992 年 12 月中国建设教育协会成立；1993 年中国交通教育研究会成立；1994 年中国水利教育协会成立；2003 年中华全国工商业联合会民办高等教育协会成立；2010 年 3 月 18 日全国中等职业教育教学改革创新指导委员会（以下简称全指委）在京成立。全指委是教育部领导下对全国中等职业教育教学工作进行研究、咨询、指导、服务和质量监控的专家组织，旨在发挥有关政府部门、行业协会、企事业单位等的积极性，加强对中等职业教育人才培养和教学工作的宏观指导，推进内涵建设，突出办学特色，促进人才培养质量的全面提升，不断适应经济社会发展的需求。全指委委员由国务院有关部门、行业组织、大型企业的负责人，以及职业院校、教研机构的专家组成。11 月教育部批准成立全国财政职业教育教学指导委员会等 43 个行业职业教育教学指导委员会（以下简称行指委），各行指委主任委员由教育部聘任，同时聘为全国中等职业教育教学改革创新指导委员会委员。行指委副主任委员、委员由相关行业主管部门、行业组织聘任。委员主要由具有较高专业理论水平、丰富的实践经验、较深厚的行业专业阅历与背景的相关部门、行业组织、企事业单位、科研机构专家以及职业院校院（校）长、一线骨干教师等人员组成。

第六章　职业教育组织的重构

一、社会呼唤职业教育组织重构

职业教育的发展有其深刻的社会历史原因，职业教育组织的每一次调整与变革都伴随着政治、经济、科技等的社会需求。正如法国社会学家涂尔干所说，教育组织与制度从来不是一个封闭的、自足的系统，而是始终面对着外在环境的，需要与其不断进行能量与信息之间的交换和角力，而正是在这个过程中，组织的内在结构和制度安排就会因适应环境的需要而做出调整。

古代社会，由于生产力水平较低，社会分工相对简单，虽然已经出现了农业、手工业、商业等职业教育类型，但门类较少，层次单一，管理相对简单，并且没有形成职业教育体系。当时的职业教育过程与劳动过程、生活过程相伴相随，目的是为向下一代传递生产、生活经验，因此，职业教育实施机构多设在工作场所。其管理在官营手工业中，政府设立专管国有工业、手工业的部门；在私营手工业中，工厂主即是行会，肩负着管理职能。

历史步入近代，各类职业教育的组织在政权的不断更替中获得多样化发展。清政府为学习西方先进的科学技术，挽救民族危机，相继开办了一批语言、军事和技术学堂及制造、种植、工艺、商务等实业学堂实施职业教育。民国初年，随着中外教育交流的日益广泛，一大批爱国的教育家和先进的知识分子吸取西方先进的职业教育理论，致力于探索中国的职业教育发展之路，并成立中华职业教育社等社会团体。国民政府在 1922 年“新学制”双轨改为单轨的基础上，进一步对各阶段职业教育的实施做出了详细规定：小学分为初、高两级，在后两年的高小课程中，可以酌地方情形，增设职业准备学科。小学中的职业教育以及职业补习学校属于初等职业教育。初中3年可以根据地方需要，兼设各种职业科。与高级中学对应，可以单独设立农、工、商等高级职业中学。初中的职业教育和高级职业中学属于中等职业教育。“专门学校”改称“专科学校”，实施高等职业技术教育。中国共产党在苏维埃革命根据地试办职业中学，面向红军和干部开办农业、医疗卫生、通信、艺术和财经等方面的学校，在抗日革命根据地及解放区开办了陕甘宁边区农业学校、张家口农科职业学校等一系列职业教育实施机构。此外，国民政府和中国共产党在特殊的历史环境下，十分重视短期培训。国民政府颁布《短期职业训练班暂行办法》等法令以推行短期职业培训，中国共产党更是采取农村夜校、工人补习班、地雷训练班、短期干部学校等灵活多样的培训形式对劳苦大众开展全民性的群众教育运动。这一时期随着政权的更替，职业教育行政机构相继出现了清政府时期的总理学务大臣、学部以及南京国民政府时期的教育部，其中总理学务大臣下设的实业处，学部下设的实业司及地方的学务公所，教育部下设实业教育司（之后取消，业务归普通教育司的事业科）及地方的职业教育设计委员会，在不同时期负责管理职业教育相关事务。

新中国成立后，百废待兴。培养技术人才是国家经济建设的必要条件，而大量的训练与培养中级和初级技术人才成为当务之急。“文化大革命”前，经过两次职业教育体系的重大调整，全国新办了大量农业中学、职业中学、各种形式的技术学校、技工学校，此外还举办了各种速成性质的技术训练班和业余性质的技术补习班或训练班，使正规的、速成的、业余的技术学校与训练班配合发展。“文化大革命”时期，职业教育成为政治的牺牲品，遭到了致命的打击，职业学校被关、停、并、转，致使我国国民教育体系结构单一，重普通教育，轻职业教育。这一时期职业教育管理机构几经调整，最终形成了与权力高度集中的中央领导体制及计划经济体制相适应的职业教育“条块分割”的管理体制。教育部门、劳动部门、中央各业务部门、中央各业务部门所属的行业、企业等均在不同时期享有直接的教育管理权。与此同时，各市、县教育部门对地方的职业教育具有直接管理权，使得我国职业教育在“条条”管理的基础上，又产生了“块块”管理，形成了职业教育“多头管理”“条块分割”的局面。

直到1978年，党的十一届三中全会为中国经济转型拉开了新的序幕，奔腾不息的改革大潮从此喷涌而出，职业教育组织的发展恰与改革的滚滚大潮相伴而行，不断地改变、完善和壮大自己。各类职业学校、职业培训机构如雨后春笋般不断涌现，行业协会、各类学会和职业教育研究机构相继建立，职教集团成为新时期整合教育资源、实现优势互补、谋求共赢发展的新型教育组织形式，为进一步深化校企合作人才培养模式的现代学徒制也正在积极地开始试点工作。但与职业教育实施组织、第三方组织的蓬勃发展之局面形成鲜明对比的是职业教育的管理体制。经历了十年浩劫，已接近瘫痪的职业教育管理体制并没有像预期的那样进行与经济体制改革相适应的调整，而是首先恢复原有的管理体制。随着国家经济、政治体制改革的深入，政府不仅深刻认识到了多头管理、条块分割、政府缺乏有效统筹的职业教育管理体制弊端，而且积极采取措施，出台一系列政策、法律、法规，以此来理顺管理体制，加强政府统筹、落实分级管理、协调各部门和组织。然而，现阶段的职业教育管理体制改革，没有从根本上改变“条块分割”“一统多参”“齐抓共管”的现象，各主管部门维护并努力实现自身的利益诉求，缺乏良好的沟通衔接，难以真正实现综合统筹协调。与此同时，受国家政治制度和历史传统的影响，现代职业教育从一开始便沿袭了中央管理的方式，建立了各类以等级从属、命令服从、僵化封闭、冷漠的分工协作、非人格化的规则体系等为特征的官僚制组织。这种官僚制组织在计划经济体制下曾对职业教育管理水平起到过极大的促进作用，但在改革开放后却无法适应经济转型过程中的不确定性，严重制约了职业教育事业的健康发展。

当历史的车轮进入21世纪，稳定、封闭、僵化的官僚制组织更是受到前所未有的冲击。在全球化步伐加快、知识经济席卷世界各国、现代信息技术广泛应用的今天，面对国际产业结构调整这一大的发展趋势，中国企图独善其身已经不大可能。由“中国制造”到“中国创造”、由经济大国变为经济强国、由低端制造到高端制造、由粗放发展到集约发展、由传统产业到现代产业成为我国经济改革和发展的更高目标。[1] 经济体制改革的转型升级引发了我国社会、政治、文化、教育等一系列的深刻变革，网络时代铺设了信息化高速公路，知识经济的到来营造了学习型社会，终身教育促进了“大职教观”的形成，产业结构的升级转型要求职业教育人才培养层次的“上移”，生源减少促使了教育资源的整合等等。这些变革对职业教育组织的方方面面提出了新的挑战：职业教育组织价值追求面临着重新调整；各部门相互掣肘的管理体制造成了职业教育发展的困境和瓶颈；职业教育管理组织、实施组织和第三方组织的涌现与组织功能的不合理、不完善，以及在行使各自职能过程中角色的越位、缺位及不到位使得各方力量缺少深层面合作，不能形成合力。新世纪所有的社会变革与挑战都发出了一个强有力的声音：社会呼唤职业教育组织的重构，需要一个以相互信任为基础的灵活、开放、动态的职业教育合作制组织来取代业已不适应当前职教发展的官僚制组织。

二、职业教育组织价值重构

从历史发展来看，职业教育价值经历了四次较为明显的变迁。

古代社会，教育沦为政治统治的工具，培养统治阶级所需的贤士是首要的教育目的，职业教育被轻视、鄙薄甚至忽略，其教育形式也始终以非正式的形态存在于世。当时的职业教育组织相对简单，其价值集中体现在传递人类生产和生活经验，维护着统治阶级的利益，有形无形地推动了社会生产力的发展和技术、文明的传递。

到了近代社会，工业革命的完成使资本主义生产从工厂手工业过渡到机器大工业，职业教育成为西方各国之间竞争的有力武器，实施技术和科学知识教育为主的职业学校蓬勃发展，举办职业教育上升为国家意志，其经济价值和科技价值日益受到关注。然而这一阶段，职业教育对于个人的价值很少被顾及，无论管理组织还是实施组织都将职业视为一种谋生手段，其目的就是提高个人的技能及技术水平，培养和培训劳动生产力，追

[1] 姜大源：《当代世界职业教育发展趋势研究》，电子工业出版社 2012 年版，第 6 页。

求组织利益最大化，促进工业社会的发展。

人类进入现代社会，工业化发展步伐进一步加快，科学技术发展日新月异，这都为职业教育发展提供了重要契机和有利的外部环境，职业教育的外在价值为世人所称道，成为一国进步发达的重要标志。与此同时，工业社会的种种变化，如新技术的推广和应用、行业的进一步分化和整合，职业结构和劳动力市场的变化等，促使人们对职业教育的价值进行反思，从关注社会效益向关注个体发展演进。正如杜威所说，“在学生离开学校以前，他都有机会学习较多种类职业中的任何一种职业的专门过程……使得他从事的无论什么工作都真正成为一门职业，一门终身的职业，而不仅仅是一种为了工资才去做的日常工作”。[1]

到了当代社会，职业教育作为促进就业和社会公平的外在价值凸显出来，同时，职业教育理论界不断对职业教育的价值认识进行反省并形成共识，认为劳动力市场动态和变化着的需求对思维能力越来越多地替代体力技能提出了要求，职业教育应该人文化和宽基础，以提高职场适应性和能动性。至此，职业教育外在价值和内在价值的有效统一被提上日程，开始成为人们关注的热点。对职业教育价值的认识决定着职业教育组织的使命。职业教育组织的公益性随之备受关注，培养具有完整人格、人文素养、德技兼修的高端技能型人才成为职业当下教育组织的价值追求。

三、职业教育管理体制重构

职业教育管理体制是指职业教育的领导管理系统与机构设置。一套高效的职业教育管理体制，应既有利于宏观管理，能够统筹协调各相关业务部门与组织，又有利于微观管理，使办学主体具有较大的自主权。目前，我国采取的是“一统多参”“齐抓共管”的管理体制。国务院教育行政部门负责职业教育的统筹规划、综合协调、宏观管理；教育行政部门、劳动行政部门和其他有关部门在国务院规定的职责范围内，分别负责有关的职业教育工作。这种管理体制的好处是各部门都来关心、支持、参与职业教

[1] 黄尧：《职业教育学——原理与应用》，高等教育出版社 2009 年版，第 108 页。

育，但在各部门的统筹和协调方面却暴露出了诸多问题。

首先，教育行政部门与其他有关部门在层级和职位上是平行关系，各主管部门条块分割对职业教育实施多头管理、职能交叉，各自掌握着办学单位的“人、财、权”，负责制定所属办学单位的发展规划，决定学校领导者的任免、人事调动等重大问题。因此，难以真正实现综合统筹协调，这就影响了我国职业教育法规政策的统一性、整体性，妨碍了职业教育管理功能的有效发挥。其次，各部门缺乏良好的沟通衔接，制约了职业教育事业的健康发展。目前，我国的职业教育管理体制大体上还是谁办学、谁管理、谁受益，办学与管理合二为一。名义上，职业教育由教育行政部门宏观统筹，综合协调，但职业培训、资格认证和就业准入制度又属于劳动部门管理，教育、就业与培训之间互相分离。目前存在着两套职业教育体系，一个是教育部门的初等、中等、高等职业教育体系；另一个是劳动和社会保障部门自成一套的职业教育体系：技校、高级技校、技师学院。这种状况，往往会造成政策不协调，不利于地方统筹安排和整合教育资源，有时甚至造成资源浪费。再次，中国古代是一个中央集权的国家，政治、经济、文化和教育事业都由国家设立的专门机构来管理，由于人类社会中发展的“路径依赖”，现代职业教育从一开始，便沿袭了这种中央管理的方式。新中国成立到改革开放后，针对这种管理体制上的弊端做出了一定的调整，但却未能从根本上改变。仍然承袭着中央提出发展计划，地方认真执行，各地方缺少发展职业教育的积极性和主动性。由于这种体制的运行机制较多采用指令性和直接性管理的方式，在使学校自主权受到限制而缺乏活力的同时，也导致政府自身对职业教育管理的精力和财力严重不足。可以说，随着我国从计划经济逐步向市场经济转变的过程中，由于职业教育政出多门，管理体制不顺以及由此给职业教育带来的损失，职教工作者可谓感慨良多。因此，在职业教育管理体制越来越不适应市场经济发展的需要，难以满足人民群众日益多样化的教育需求之时，我们必须不断深化改革，进行职业教育管理体制的重构。

世界各国的历史经验表明，职业教育管理体制上的不顺导致各部门相互掣肘，互相牵制，人为制造的矛盾阻碍着职业教育的健康发展。理顺职业教育管理体制已成为世界各国的共识，同样也成为世界性难题，突出表现为管理体制的不稳定。早在19世纪，普鲁士政府认为教育当局思想保守，遂决定将宗教与教育局管辖的技术教育和工业学校交由商工局领导。法国于1880年制定了《徒工手工学校法》，规定徒工手工学校为教育部和农商部共同管辖。但后来围绕预算，两部门之间产生了深刻矛盾，同时在人才培养目标方面，是培养学生未来的实际工作技能还是为职业生涯做准备开发学生的智能，两部存在明显的差别，因此，1920年政府又将职业学校移交教育部管辖。苏联的艺徒学校1929年以前一直由教育人民委员部领导，为解决职业教育和国民经济脱节的问题，1929年将艺徒学校交由苏联最高国民经济委员会和各加盟共和国领导，把职业学校全部建立在企业内部，成为企业的一个组成部分，经费也由企业负担。1940年苏共中央为解决企业把职业教育作为生产的一个部分以及各业务部门管理职业教育没有统一的标准等问题，决定由苏联部门会议下设劳动后备军管理总局领导，1959年劳动后备军管理总局更名为国家职业教育委员会。英国在1992年之前，一直将教育和科学合在一起加以管理，称"教育与科学部"。到1992年，为解决英国技术和技能型人才缺乏等问题，英国政府将教育部与劳动部合一，成立了"教育与就业部"，将原本属于两个部门管的高技能人才的培养培训任务统一起来。从2011年6月由于就业所涉及方方面面的具体问题很多，该部难以完全驾驭，于是他们又进行了第二次调整，将"教育与就业部"改为"教育与技能部"。新中国成立后，我国职业教育管理体制也几经周折，对中等职业教育的管理由业务部门到教育部门，对技工学校的管理由劳动部到教育部再到劳动部，对高等职业教育的管理由高等教育司到职业教育与成人教育司。可见，职业教育管理体制的重构并非易事，必须以极大的勇气和智慧，来创新我国职业教育的管理体制。这一重构不仅涉及相关部门的责任和义务，必要时甚至触及各部门的权力和利益。

四、职业教育组织功能重构

（一）职业教育管理组织去行政化

教育往往是不同政治力量、社会集团等争夺的重要领域，经济利益诉求及政治斗争常常以某种形式的教育争论表现出来。一个政党或社会阶层的利益直接影响着政府的教育政策。职业教育与经济发展的关系最为密切，政府对职业教育的干预成为理所当然之事。

制定和实施法律及教育政策是政府干预职业教育的主要手段。历史经验表明，职业教育的持续、稳定、健康发展不单纯取决于职教自身，很大程度上也取决于国家对职业教育制度的设计。纵观我国历史，近代以来职业教育的几次大发展都与政府干预密不可分。可以说，我国的职业教育是在政府干预下发展起来的。清政府为达到“师夷长技以制夷”的目的，大力发展实业教育，颁布“癸卯学制”等一系列实业教育制度，催生了一批实业学堂，促进了实业学校的发展。1922 年政府颁布新学制即“壬戌学制”，使职业学校得到长足发展。国民政府定都南京后，将教育作为推行其统治的重要手段，将职业教育置于十分重要的地位，并制定了一系列发展政策。新中国成立以来，无论是建国初百废待兴时期还是改革开放时期，每当职业教育发展的关键时刻，政府都通过制定法律法规，进一步明确职业教育的体制、结构、体系及经费等方面的规定，使得职业教育的发展有法可依，有章可循，为职业教育事业的健康发展提供了强有力的保障。2005 年，我国经济建设面临新的转型，人力资源凸显技能型人才的结构性短缺，社会对职业教育提出了新要求，政府随即做出《国务院关于大力发展职业教育的决定》，加大了对职业教育的扶持力度。此后，各项支持职业教育发展的政策不断出台，措施不断落实，职业教育呈现出蓬勃发展的势头。但与国外相比，中国职业教育在政府干预方面有其特殊性，不仅依靠法律手段，更多借助行政手段，包括各级政府关于职业教育的“决定”“令”“通知”“规定”“函”以及领导讲话等形式，可以说，国家通过行政（再分配）手段直接干预（促进）职业教育的发展，使处于劣势的职业教育在很短时间内占据半壁江山。然而，随着市场经济体制的逐渐深化，职业教育管理组织在今后的发展中必须去行政化才能更好地适应新时代的要求。

（二）职业教育实施组织去身份化

职业教育实施组织去身份化是指在合作过程中，弱化组织归属及办学性质，由身份化到契约化，实现政策的相对公平性。目前，职业教育实施组织按照类型可分为基于学校的职业教育、基于工作场所的职业教育和基于社会的职业教育三大类，按照性质可分为公办职业教育和民办职业教育。独立设置的高职高专院校、举办高等职业教育的本科院校、职业大学、独立设置的成人高校、函授教育和夜大、中央广播电视大学及远程教育等高等教育机构和中等专业学校、职业高级中学、技工学校及成人中专等中等职业教育机构均是基于学校的职业教育实施机构。基于工作场所的职业教育是指行业、企业办学或举办培训。劳动服务公司、就业培训中心、就业训练中心、职业培训基地等职业培训机构主要负责就业与再就业培训、职工培训、创业培训、农村劳动力转移培训及农民培训等，是基于社会的职业教育。这三类职业教育实施机构在行政管理体制上有的属于教育行政部门，有的属于劳动行政部门，有的属于行业主管部门，所制定的政策更多地传递着不同主管部门经济利益的诉求。此外，各类职业教育实施机构在性质上又有公办和民办之分，不可否认，在我国长期以来对待各类民办职业教育实施机构的制度不够优化，使民办教育在政策的诸多方面受到不公正待遇。因此，职业教育实施组织在合作过程中，无论在行政管理体制还是办学性质方面，均需实现契约化，以保证政策的相对公平性。

（三）职业教育组织多方合作

联合国教科文组织第二届国际职业技术教育与培训大会的报告《职业技术教育与培训：展望21世纪的建议》指出："职业教育界与其他学校系统、工业部门和其他经济部门之间，建立更有效的合作伙伴关系；在这种伙伴关系中，各部门都有共同的价值观、共同的课程，并可资源共享，成果共享。"❶

可以说，"合作发展"的理念在我国古代便有所表现。职业教育从起源开始便与生产劳动密不可分，即具有产学结合的特征。此外，行会参与职业教育的发展，是职业教育发展的重要力量。在唐代，各类工商行业行会已普遍形成，宋代都市行会达到鼎盛时期，元、明、清时期，尤其是清

❶ 杨丽波：《职业教育社会伙伴关系研究》，华东师范大学学报2012年。

代，行会是职业教育发展的重要力量。一方面，具有产业（手工业为主）管理的职能；另一方面，行会对艺徒学习技术的内容、标准以及师徒双方的权利和义务等作出规定。近代职业教育实行学校教育与学徒制并举，无论是清政府，还是北洋政府、国民政府都鼓励多元办学。抗战期间，国统区注重社会各界参与职业教育办学，推行建教合作，教育部出台多部法令加强教育部门与生产建设机关合作，避免与农工商界分离。革命根据地的职业教育形式灵活多样，内容涉及干部学校教育、在职干部教育、小学教育、部队教育及群众业余教育等等，教学过程强调理论联系实际，主张生产、学习相结合，讲求实效、学用一致。此外，在近代社会，一些社会团体，如中华职业教育社、中华教育改进社、全国教育会联合会等积极参与职业教育办学，对职业教育的发展起到了重大的推动作用。新中国成立后，尤其在党的十一届三中全会之后，国家不断出台相关政策，鼓励集体、个人、企事业单位、业务部门及其他社会力量参与职业教育办学，成立职业技术教育委员会协调各部门参与职业教育发展，成立了专门的职业技术教育的研究机构和相关职业教育学术团体，重视行业、企业参与职业教育办学，重视行会、学术团体在促进产学合作、参与职业院校办学等方面的作用，支持职业教育集团的发展，等等。

然而，目前我国职业院校、社会培训机构、政府各部门、行业、企业、行会、学术团体等各方力量尚未形成合力，没有成为伙伴关系。职业教育多头管理，缺少协调机制；多方参与办学机制尚需完善，缺少深层面合作基础；职业教育资源相对匮乏且垄断严重，有待形成整合、资源共享。因此，职业教育的可持续发展有赖于各方组织在拥有共同的目标、共享利益和资源、共同承担责任与风险基础上建立稳定的多方合作关系。

职业教育的改革和发展往往首先是社会力量推动的结果，当前我国经济社会发展的大环境已经发生了急剧地变化，对人们传统的职业教育观念以及现行的职业教育组织都提出了新的要求和挑战。

创新与融合：
我国职业教育组织发展的现实路径

第七章　职业教育组织融合与创新的必要性与可行性

一、经济转型期就业形势与职业教育

（一）就业形势

职业教育的历史使命是以就业为导向，以服务为宗旨，这是时代赋予的要求，也是各类职业教育组织的办学指导思想。在直面经济转型期，会面临就业形势的挑战，因此我国在当前乃至今后相当长一段时期，各类职业教育组织改革和发展所要面对的紧迫任务就是为解决经济转型期的就业危机服务。

自从实行改革开放政策以来，中国开始了大规模的社会经济变革历程。它是一场从农业社会向工业社会转变的产业革命过程，是一场从计划经济向市场经济过渡的经济体制转型过程。伴随着市场化和经济持续高速增长的进程，特别是20世纪90年代中期以来中国国有企业改革的逐步深化，转型期的就业危机日益凸显。

1. 劳动力市场供给总量充足

劳动和社会保障部数据表明，农村劳动力向非农领域和城市转移，20年来，中国实现了2亿多农村富余劳动力的转移。目前，乡镇企业从业人员已达1.3亿人，进入城市和发达地区就业的农村劳动力近1亿人。中国农村还有富余劳动力1.5亿人，今后，随着农业经济结构调整，农村劳动力向非农领域转移、向城市流动的规模将进一步扩大。劳动和社会保障部门的统计显示，从规模上讲，农民工转移就业的数量仍在增长，年均保持在5%以上的增长速度。农民工在外就业时间不是减少而是增加了，平均每年9.4个月。目前和今后一段时间，我国劳动力总量不会不够用，只是

部分地区、部分行业的结构性矛盾比较突出。尽管珠三角、闽东南的“用工荒”在继续蔓延，那主要是由于结构性矛盾所导致的。❶

从就业形势的特征来看，以上主要是从新增劳动力供应的层面对总体就业形势的分析，其实也是对已经纳入政府就业政策范围的各类人群的就业形势的分析。此外，我国还有相当数量的妇女、残疾人以及大量的部队复员转业人员等处于社会边缘的失业人员面临的严峻就业问题。这类人群还没有完全纳入到政府的积极就业政策之中。因此劳动力供应总量过大、供过于求是在当前和今后相当长一个时期劳动力市场上存在的尤为突出的问题。

2. 劳动力市场上结构性失业矛盾比较明显

尽管劳动力市场上劳动力供应充裕，然而很多企业为招不到合适的人才特别是技能型人才而发愁。从对各级产业的人才需求预测而言，2015年，第一产业人才密度为1.1%，仅相当于目前OECD国家平均值的1/5左右；第二产业工业、建筑业的人才平均密度是10.1%；第三产业中的交通邮电和商业服务业的人才平均密度也是10.1%，仅相当于20世纪末OECD国家平均值的一半。而从对劳动力结构的现状分析来看，各类层次的劳动力分布极不平衡。❷

3. 高学历失业问题已经逐渐显现

伴随着近年来大学扩招，高学历劳动者失业现象也日趋严重。特别是高职高专毕业生就业问题突出，是急需解决的重点和难点，已成为制约普通高校毕业生就业的全局性问题。就未来若干年大学毕业生供求形势而言，白领岗位的人才需求大约占53%，蓝领岗位的人才需求大约占47%，基本上各占一半。因此“985工程”大学和“211工程”大学可以将培养目标定位于研究型人才、高端人才培养，其他高等学校特别是高职高专院校都要把培养面向经济建设和社会事业发展主战场的应用型人才，培养的主要任务就是中、初级人才，既要培养专业技术人才和管理人才，更重要的是培养第一线的操作型人才。❸

---

❶ 劳动和社会保障会议，载http：//www.lm.gov.cn/gb//employment。

❷ 教育部门户网站，载http：//www.moe.edu.cn/。

❸ 中国教育新闻网，载http：//www.jyb.cn/。

因此，我国的就业市场就出现了三大洪流，一是大量农村富余劳动力需要向非农产业和城镇转移，二是体制转轨、经济转型和结构调整的加快所带来的人员再就业，三是大学扩招所带来的毕业生就业问题。当我国目前正处在转轨就业、农村剩余劳动力转移就业和青年就业这三大洪峰同时到来的阶段，势必带来了一系列严峻的社会问题。今后相当长一个时期，我国将面临世界上最为复杂和最为艰巨的就业问题，作为与社会经济发展关联紧密的职业教育组织，必须及时反映这一严峻的社会需求并积极应对挑战。

（二）各类职业教育组织是政府实施就业政策的重要桥梁

作为重要的民生指标，就业是民生之本。中国政府已经意识到如此严峻的就业问题，并且已深刻地认识到了解决就业问题的高度重要性和迫切性。社会主义和谐社会构建的重要着力点就是能够促进国民经济和社会协调发展，千方百计扩大就业，这是实现全面建设小康社会宏伟目标的重要前提。

在现代人力资本理论中，职业培训对人力资本开发是其中非常重要的内容。著名经济学家舒尔茨、贝克尔和雅可布·明塞尔等人是人力资本理论研究的杰出代表。在他们看来，在人力资本的形成过程中，普通教育只是形成人力资本的一种形式，而不是全部形式。普通学校教育和职业培训虽然是两种性质相同的教育，但是普通教育受教育收益和成本的影响，常常会因收益递减而产生自我限制；职业培训则由于是一种学习周期较短、学习方式灵活的受教育形式，其就业风险相对于普通教育要小，就业的灵活性要大。因此职业培训在就业方面要优于普通教育。[1] 这已成为西方发达国家解决就业问题的重要措施和做法，也是一条重要的经验。基于就业是民生之本的认识，改革开放以来，中国政府把创造就业机会、解决就业问题作为劳动政策的重点，确立了“劳动者自主就业，市场调节就业，政府促进就业”的就业方针。实施包括职业教育（主要是指职业培训）在内许多好的政策措施就是政府促进就业的重要手段。特别是从 20 世纪 90 年

---

[1] ［美］雅各布·明塞尔：《劳动供给研究》，张凤林译，中国经济出版社 2001 年版。

代以来，中国政府实施了“积极的就业政策”（20 世纪 70 年代以来，高失业率和持续增长的失业成为大多数经合组织国家的社会和经济污点。世界经合组织国家（OECD）平均失业率从 1973 年的 3% 上升到 1993 年的 8% 这样的最高点。OECD 国家开始认识到总需求政策并不能解决问题，开始通过那些旨在减少劳动力市场不完全，防止弱势群体如青年、残疾者、非技能、长期失业者等状况恶化的政策来减少失业，这些政策即为积极劳动力市场政策）。政府为积极帮助失业者重新就业或为在职人员提供职业培训以提高其就业适应能力而采取政策和措施，从而为劳动者创造条件，促进其就业，重返劳动力市场。它的目的旨在对那些在竞争性劳动力市场中的弱者提供提高其就业能力、帮助其进入或返回劳动力市场的各种政策措施。除了采取直接创造就业机会、加强就业中介服务、制定创业扶持政策和就业补贴政策等举措外，开展职业教育也是实施积极的就业政策很重要的一项举措和内容。它是相对于消极的就业政策而言的。

在所有就业政策中，最具长期性的可持续性战略是开展包括职业教育在内的人力资源开发。这是因为已经有大量证据表明职业教育对于提高人们的就业能力和收入以及促进就业和创业具有重要的作用，经调查显示，高教育水平和高技能的群体具有抵御劳动力市场风险的能力，而对于低技能、低教育水平的劳动者往往处于日趋恶化的就业处境，也更容易失业。积极的就业政策是 20 世纪 90 年代中期开始实施的“再就业工程”的延续和扩展。2002 年 9 月中央和国务院召开的再就业工作会议以及当年下发的《关于进一步做好下岗失业人员再就业工作的通知》，更是确立了中国积极就业政策的基本框架。然而，积极就业政策的对象主要是公有经济部门的下岗失业人员，随着历史遗留问题的逐步好转，近年来这一不公平的政策已经发生转向，开始从城镇失业、下岗职工的再就业转向城乡劳动者的统筹就业，关注城镇新成长劳动者的就业、农村劳动者进城就业、高校毕业生以及其他弱势人群等所有劳动者的就业问题。也就是说，把所有需要就业以及面临就业困难的群体都纳入政策范围。这是现行以及今后政策的重要价值取向。未来 5 年，我国城镇将有 4500 万人走上工作岗位，登记失业率将控制在 5% 以内。《中共中央关于构建社会主义和谐社会若干重大问题的决定》提出要在 2020 年实现“社会就业比较充分”，这一目标的达成也取决于继续实行积极的就业政策。

由此可以看出职业教育组织可以成为解决就业问题的一个有效途径，可以成为政府实施积极就业政策的一项重要举措。在政府的规划、报告中，多次提出要加强职业教育，并提出指导办法，比如进城务工的农村劳动者可以在职业教育机构享受一次性的职业培训补贴，还比如劳动和社会保障部提出实施能力促创业计划，对200万城乡劳动者开展了创业培训，等等。胡锦涛总书记在党的十七大上的报告中更是明确提出："健全面向全体劳动者的职业教育培训制度，加强农村富余劳动力转移就业培训"；"发展远程教育和继续教育，建设全民学习、终身学习的学习型社会"。实践也证明，加大对包括开展职业教育在内的人力资源开发的投入，重视开展职业教育对解决社会就业问题具有非常重要的现实意义，也已取得了一些好的效果。

广泛开展职业培训的意义和作用是多方面的，表现在一是提高受教育者的就业能力和收入；二是从当前我国的就业形势及其特点来看，提高劳动者的创业能力；三是实现从就业到创业的战略转移，缓解劳动力市场上结构性失业的矛盾；四是确保企业和国家在全球市场上的竞争力以及促进社会和谐发展等都具有重要的现实意义。也正是因为如此，职业教育组织作为解决就业问题的一个有效途径，受到世界各国政府的高度重视，而且也必将继续受到我国各级政府的高度重视。

（三）总体就业形势对现行职业教育组织的挑战

严峻的就业形势对职业教育产生了强烈的需求，社会就业问题的解决需要职业教育（特别是职业培训），这也是我国职业教育进一步发展的重要历史机遇。然而，结合对我国就业形势的分析来看，我国现行的职业教育制度和职业教育组织还远远不足以担当起人们期待的重任，还存在诸多缺失，我国就业工作所面临的突出矛盾就是职业教育组织的错位和培训工作相对的滞后。从我国职业教育发展的现状来说，严峻的就业形势对我国现行的职业教育制度与组织提出的挑战是多方面的，这些挑战又主要表现在如下五个方面：

1. 大量的劳动者培训需求对优质的职业教育资源不足的挑战

据预测，未来50年每年2亿至3亿人次需要各类继续教育和培训，而当前，主要由技工学校和就业训练中心（由劳动和社会保障部门所属）以及其他社会机构开展就业前培训、失业人员和下岗职工的再就业培训。从培训人数上看，即使是城镇职业培训工作开展较好年份，全国也只能培训预计550万人（其中，再就业培训超过500万人，创业培训超过50万人），这与未来的需求数量相距甚远。尽管其他还有农业部门主要负责的农村职前培训以及教育部门主要负责的职前正规职业学校培训，然而这些资源没有得到很好的整合，呈现各自为政、部门分割状态，而且如果国家不加大职业教育投入的力度，即使这些资源得以整合，也不足以承担起这一庞大规模的培训重任。❶

2. 劳动者技能的大规模提升对质量低效的职业教育培养的挑战

结构性失业问题的解决取决于提升劳动者的技能，也是开展职业培训的直接目的，培训是否对提升劳动者的技能有所帮助，从而决定培训的意义。然而总体来看，当前我国职业教育的培养质量是低效的，而要提升劳动者的技能，就必须以就业为导向，依靠地方政府、经济部门、行业企业、劳动部门以及其他相关机构的紧密配合，实施产教结合办学模式。特别是需要得到行业企业的深度参与和配合，要大规模提升劳动者的技能，如果没有得到行业企业的配合几乎是不可能的。行业企业等其他利益相关群体的深度参与不足也是引起当前我国职业教育培养质量低效的关键原因。

3. 培训需求的差异化对职业教育办学条件准备不足的挑战

培训的需求类型与具体形式是多种多样的，由于培训对象各异，文化基础、年龄、个人兴趣以及技能水平等参差不齐，这对职业教育机构提出了新的要求。然而，由于我国职业教育组织受到传统计划经济体制的影响，各类职业教育组织、机构的办学模式僵化，功能单一，培养水平和办学条件简陋，服务社会的能力不强，不能提供满足各种需要的课程，办学的能力不能适应社会和市场需要，难以实现各类不同需求的培训，因此我国职业教育的准备条件还非常不充分。

4. 职业教育的供给与劳动力市场需求衔接对职业资格证书教育的挑战

职业教育的供给与劳动力市场需求的有机衔接非常重要，职业教育要

❶ 全国劳动保障工作会议，http：//www. lm. gov. cn/gb/employment/2007-12/24/。

满足劳动力市场的需求，以就业为导向，劳动者或失业群体接受职业教育的直接目的就是希望能够顺利就业，因此通过培训使劳动者获得就业通行证即职业资格证书就很重要了，只有这样，才能够促使劳动者从教育培训顺利实现进入到劳动力市场的过渡和转换，开展职业资格证书教育成为对各类职业教育机构的要求。

然而，在当前我国职业教育机构中开展的各类职业资格证书教育存在的问题非常多。其一，缺乏权威与通用，因为职业资格证证出多门，权威性和通用性差；其二，缺乏行业标准，教学内容缺乏行业标准并且滞后于特定职业岗位，没有充分地体现行业参与和监督的作用；其三，缺乏过程考核，由于只重视结果不利于考察劳动者的整体情况；其四，缺乏融通，学历证书和职业资格证书没有互通性，人为地提高了学习成本。

5. 创业能力的塑造对职业教育的单一培养目标的挑战

支持自主创业、自谋职业的政策，已经作为扩大就业发展战略的重要内容，以创业带动就业，改变就业观念，使更多的劳动者成为创业者。一直以来我国的职业教育体系是以就业作为目标，针对特定的或某一类职业岗位培养人才，促使劳动者就业，缺乏创业教育的主动意识，也缺乏进行创业教育的基本条件和经验，因此创业能力的塑造对职业教育的单一培养目标提出了挑战。因此管理创业教育，确定培养目标，重构课程教学体系，培养师资以及进行考核和评价，这些问题的研究与解决就成为我国职业教育组织面前的重大课题。[1]

通过如上分析可以发现，经济转型期的总体就业形势及其特点，需要在多方面进行变革，首先是整合和开发职业教育资源、职业教育组织，其次是多方群体的参与，如行业、企业等利益相关群体，最后是拓展职业教育的功能、保障职业教育质量。

二、全球化进程的日益加快与职业教育

当今世界是全球化世界，知识经济的发展与全球化是紧密联系的一个

[1] 马树超，郭杨：《高等职业教育：跨越·转型·提升》，高等教育出版社2008年版。

社会现象，知识经济发展的必然结果就是全球化，也意味着社会所有机构包括学校在内的全面社会性大转型，对于职业教育而言，也是如此。全球化即是当前我国职业教育改革和发展的现实背景，职业教育组织在新形势下怎样构建。

全球化潮流影响着世界各国的教育，而且随着全球化进程的日益深入和加快，这种影响的范围和程度将更为明显。中国教育发展包括职业教育在内，已经并将继续更为深入地融入到全球化进程之中。毋庸置疑，全球化将带给我国的职业教育以新的发展机遇，同时也将对我国职业教育的发展提出严峻的挑战，特别是作为我国教育对外开放的优先领域，职业教育应对全球化的挑战引人关注。

从20世纪90年代初全球化理论在西方盛行，仅仅只有短短几年时间，到20世纪90年代中期全球化理论就被我国政治学、经济学等学科领域的一些学者广泛关注。随着信息通信技术等高新科技的迅猛发展，全球化进程正呈现出日益加快发展的态势，全球化已不仅仅表现为经济的全球化，而且已经扩大到教育、科技、文化以及政治等诸多领域。但是我国在教育学特别是职业教育学领域方面，理论研究非常薄弱，我国职业教育应对教育全球化挑战的理论准备严重不足，特别是与西方发达国家的职业教育相比，我国职业教育面向市场办学的历史较短，发展水平相对比较落后，优质的职业教育资源贫乏，发展不平衡，地区差异显著，经验严重不足。

所以基于对经济全球化、教育全球化与职业教育发展的紧密联系，分别针对经济全球化和教育全球化的特征及其发展态势，具体分析其对我国职业教育组织的影响和挑战。

（一）经济全球化发展与职业教育

在知识经济时代，全球经济正在形成，世界经济一体化趋势已成为世界经济发展的主题。知识经济是一个开放的全球经济。知识经济的兴起，经济全球化日益发展的背景下，技术因素在国际贸易的作用越来越大，尤其是知识的高科技产品的比例越来越大，重要性的知识密集型服务贸易正在增加，根据信息技术的全球网络和信息高速公路的建立是经济全球化的联系，形成了一种新的贸易方式，即电子商务，它包括销售和服务等许多信息可以及时通过网络来流通。一般来说，国际进出口经济比例可以测量一个国家经济全球化的水平。以进口和出口占经济比重来看在工业化中期阶段的中国，也已经深入参与到经济全球化的进程，并有越来越加速的趋势。

全球化和劳动力资源配置的变化，需要新的技能、能力和态度的员工。这给职业培训和教育带来了巨大的挑战，工作过程知识，职业培训，技能培训，创业，终身学习，就业等，已成为关键因素。同时，职业教育和培训所需的能力的影响，在全球化和变化的过程中，加强劳动力资源配置的概念。这表明，经济全球化对培训劳动力，劳动和人力资源开发提出了新的要求。随着全球化的生产日益繁荣，越来越多的跨国公司，流向发展中国家的外国直接投资强劲增长，经济全球化的发展趋势加速，导致全球生产产业结构和职业结构的变化。反过来，这些导致劳动力结构的变化。特别是加入 WTO 后，中国成为国际经济大循环的正式成员，中国的经济结构将继续做出调整，会带来与劳动力市场的变化以及需求的变化。入世将带来在各行业的就业结构的变化，有些职位将会在大量原来消失的同时，还加入了大量的专业技术职务，其中纺织工业，服务业和服装行业将成为区域增幅最大的职位。经济全球化日益增强的灵活性和工作，为了鼓励企业更好更快地适应市场需求，对劳动力素质提出了新的迫切要求，劳动力必须能够适应不断变化的业务需求，人们也会产生持续终身学习的需求。另外，由于劳动力在劳动力市场上参与国际竞争，也将是一个必然的趋势，因此也需要遵守劳工标准和训练模式的培养与国际接轨。也就是说，在经济全球化的背景下，培训、配置、流量和使用会越来越显示出全球化的特点，包括就业标准也将国际化。

经济全球化对员工提出了新的要求，在这方面，国外的研究文献已达成这样的共识，总的趋势是在全球竞争中更具生命力的是更高的学历和更多的培训。有能力参与全球经济活动的人员，他们的资质要求主要体现在知识、技能、能力和工作的倾向。知识方面，在全球化的经济活动中，由于越来越重要的解决问题的活动，员工经常会遇到新的和不熟悉的任务，现代信息技术被广泛使用，以及不断增长的不确定性和其他因素的影响，要求员工不仅需要特定的专业岗位的具体知识，也需要理论知识、技术知识、实践知识和工作过程知识。在技能方面，由于商业活动的世界性，与国外供应商，与国外的子公司和分公司的业务处理上，日益全球化的市场和生产都要求员工有沟通技巧，包括国际化、现代化的信息和通信技术应用技能，包括国际的技能，由于全球化将迫使公司机构改革的决定，很大程度上是公司广泛分散到各个部门，员工应该能够自动规划、组织和控制自己的工作，很好地与团队合作，甚至与供应商和客户直接对话，所有这些任务的计划、组织、谈判、控制等，是典型的管理功能，要求员工掌握各种专业技能和必要的能力。在工作的倾向方面，因为价格、质量和时间被认为是全球竞争的关键环节，创新是全球竞争的一个关键因素。显然，比传统经济的雇员在经济全球化下提出更高的要求，也可以说，经济全球化对职业教育培训提出了更高的要求。作为人力资源，科技基础设施、研究设施和其他方面的基础不同，特别是经济全球化的影响，世界各国不是站在了同一起跑线上，对于我国来说，是处于劣势。面对经济全球化的挑战，中国的劳动力密集型产品的出口缺乏在世界市场上的竞争力，这对于经济全球化的总体趋势是非常不适应的。因此，产业结构的不断调整和升级，快速的技术变化和经济全球化对劳动力的需求和建议，在新的人力资源开发的新形势下，显得尤为迫切。经济全球化不需要对新的劳动力提出需求，也将包括职业教育，包括对人力资源开发活动都提出了严峻挑战。综合上述分析，经济全球化对中国目前的职业教育体系提出了许多挑战。

1. 职业结构和就业机构的不断调整对职业教育运行机制的挑战

职业结构和就业机构使得劳动者产生灵活变化的培训需求，并因此要求我国的职业教育机构有能力为市场需求提供有针对性的培训，仔细研究经济全球化的发展所带来的新问题，特别是正确处理政府与市场之间的关系，充分发挥市场调节作用。当前我国的各类型的职业教育机构（特别是职业学校）以市场为导向的服务能力仍然十分薄弱，这是对经济全球化认识不足造成的，尤其是在该管理系统和僵化的运行机制下，学校缺乏充分的办学自主权。

2. 劳动者的素质提升对现行职业教育培养目标的挑战

劳动者在经济全球化下，不仅要求能掌握核心的专业技术和多种技能，还需要了解科技发展的前沿，具备较高的理论水平，外语、计算机技术、适应经济全球化发展的良好个人品质、可靠性、创造力、企业家精神以及领导能力。而且还由于一些劳动者要参与国际劳动力市场竞争，这就要求他们达到国际劳动力市场的相关职业资格要求。而我国职业教育一直以来是以学术型为导向的培养目标，从课程体系、教学内容、教学评估等基本上都是如此，因此这些素质的提升要求职业教育的培养目标的重构，改革职业教育课程与教学的设置。

3. 终身学习对职业教育体系功能单一的挑战

经济全球化下，下岗失业人员只有通过大量的、有针对性的培训，才能实现再就业，而在职人员面对日新月异的技术变革，也要进行经常性的职业培训。然而，当前我国职业教育体系是以学校职业教育为主的，教育对象主要是针对未工作学生，不能满足经济全球化背景下劳动者持续的终身学习需求。由此，一方面，要求职业教育转变办学功能，加大职业培训的力度，提高面向社会进行职业培训的能力；另一方面，国家要出台相关政策，鼓励企业开展在岗培训，同时鼓励社会培训机构的发展。[1]

（二）教育全球化发展与职业教育

教育全球化是人类教育活动跨越民族国家界限及各国教育在世界范围内的相互融合过程。它是和经济全球化相伴相生的，经济全球化对教育全球化起到了推波助澜的作用。

教育全球化是在经济全球化背景下产生的，是针对经济全球化趋势而采取的教育应对行动。同时，教育全球化还指各国教育政策的制定越来越受全球共同认可的教育价值观的影响，关注人类未来共同的发展与命运，各国教育活动的开展越来越倾向于使学生获得理解国际复杂系统的能力，形成全球观念，学会共同生活。从这个意义上看，教育全球化包含着教育国际化，是教育国际化趋势在全球范围的进一步发展，教育全球化也并不意味着国家教育的消失，相反，全球化教育会使民族国家的教育获得前所未有的在世界舞台展现的机会。教育国际化和教育全球化是有区别的。教

---

[1] ［英］诺曼·朗沃斯：《终身学习在行动——21 世纪的教育变革》，中国人民大学出版社 2006 年版。

育国际化更多是从教育的国际合作层面来谈的，而教育全球化则是指教育资源、教育活动和其他教育要素等全方位的全球化流动。在这个意义上，教育国际化只是教育全球化的一个范畴，教育全球化包括教育国际化，或说教育国际化只是教育全球化的一个方面。[1]

虽然人们对教育全球化有着不同的认识和理解，但在如下方面还是基本达成了一致，承认教育全球化已成为世界各国教育发展的必然，必须积极应对教育全球化的挑战，教育全球化是经济全球化的结果，同时也强烈地表现出对经济效益的追求，教育全球化活动的内容既包括有形的资源、人员、信息等要素的跨国流动，也包括无形的思想（包括教育理论、教育模式等）、价值观等要素的借鉴和模仿，不仅包括人员派出或接受，而且包括课程引进、学分互认和跨国办学等，教育全球化的主体将由政府主导逐步转变为政府和院校共同协作或院校主导，教育全球化是一个动态发展过程，其内涵随着时间、环境、条件以及其他要素变化而变化。

入世标志着我国教育进入了新的对外开放的进程。此后，我国的教育必须遵循 WTO 的相关规定，逐步放开教育服务市场，从而迎接新的、全方位的以及来自世界其他各国教育的挑战。我国职业教育也必将因此加快全球化进程的步伐。从领域来看，成人教育（特别是成人职业教育）将是我国对外开放教育市场的优先领域。这也是中国对 WTO 教育方面所做的承诺。2003 年，国务院颁布了《中华人民共和国中外合作办学条例》，就是为了适应加入 WTO 后的新形势，积极履行加入 WTO 的承诺，将承诺内容转化为国内立法的重要措施。当然，教育全球化并不等于 WTO，因为除 WTO 外，还有其他国际间的教育合作，对加入 WTO 后教育服务市场开放的承诺只是我国教育全球化的一个方面。

结合对教育全球化发展现状的分析，我国的教育全球化还主要表现在教育资源的跨国流动形态（主要是留学），停留在教育的国际合作层面，但中外教育合作发展势头迅猛。然而，总体来看，在教育的国际服务贸易方面我国存在着巨大的逆差。留学生教育是教育国际化的主要指标，也是开展国际教育、培养国际型人才、进行文化输出的重要途径。在留学方

[1] 邬志辉：《教育全球化——中国的视点与问题》，华东师范大学出版社 2004 年版。

面，出国留学人员和来华留学人员都以较大幅度逐年增长。综合相关数据发现，近年来留学作为国际教育服务贸易的一种形式，已经呈现出加快发展的趋势，也在一定程度上推动了我国教育全球化进程的深入。一方面，尽管出国留学人员每年增长很快，但留学回国人员总量比例不高，另一方面，尽管外国来华留学人员增长很快，但总量还是不大，与中国这样一个教育大国的身份不符。从来华留学人员特点来看，非学历生居多。随着经济全球化以及网络等信息技术的迅猛发展，作为国际服务贸易的重要组成部分，中外教育交流与合作将日益广泛而深入，因为中外教育合作的官方交流越来越频繁，一系列中外教育合作项目得以签署、实施，各种教育投融资洽谈会和国际教育研讨会得以举办，并且成效显著。我国的教育发展已日益深入地参与到教育全球化的进程之中，规模逐渐扩大，并形成了多层次、多领域、多形式的中外教育合作发展态势。随着教育全球化进程的深入以及一系列合作项目的实施，中外教育合作在借鉴国外经验特别是西方发达国家的经验，缩小与发达国家教育发展水平的差距，推动我国教育改革和发展等方面起到了重要的作用。然而除去向非洲以及其他一些落后国家和地区提供的教育援助，总体来看，我国是国际教育服务的输入国，中方更多是作为国际教育服务的接受方来开展合作的，是利用国外的优质教育资源、先进理念以及管理模式等，而能向其他国家提供跨境教育服务的比例很小。

教育全球化给我国职业教育的发展带来了重要的契机。如果积极顺应教育全球化趋势，可以促使办学理念更新，加快专业调整和培养模式创新的步伐，弥补我国职业教育资源的严重不足，从而使我国的职业教育融入教育全球化的进程，与国际教育接轨。然而，它也将对包括教育市场、教育体制、政策法规、教育主权、教育体系、教育功能、思想政治教育、区域发展差距、师资队伍以及考核评价等在内的诸多方面提出严峻的挑战，要求其从宏观到微观都要进行彻底的变革。

对三个主要方面的挑战进行如下剖析：

1. 发达国家的教育机构对我国职业教育市场和教育组织的挑战

教育全球化的主要形式就是教育市场的开放，因为我国职业教育走向市场的时间比较短，经验不足与质量低下并存，优质资源严重缺乏，尽管从长远看我国开放职业教育市场可以促进我国职业教育的发展，但是开放职业教育市场会面临诸多来自市场方面的挑战，具体表现在生源市场、远程教育市场和办学市场上。其一，国外教育机构和投资者抢占我国职业教育生源市场，借助其强大资源优势，会很容易地吸引留学生，获取职业教育资源；其二，通过网络而占领中国的教育市场，由于远程教育凭借其越来越明显的优势已成为教育服务贸易的一种重要形式，而且将会成为国外教育打进中国教育市场的主要手段之一。然而，我国无论是政府还是职业教育组织在这方面的紧迫感还不强，政府对远程教育的投资力度不大，远程技术手段及其远程基础设施相对落后；其三，国外优质教育资源进入中国职业教育扩大境内办学、扩大办学市场，其中培训市场将成为我国职业教育受冲击最大的市场。

2. 要求遵循国际惯例法规对相对滞后和保守的教育政策法规的挑战

由于我国职业教育面向市场办学的历程较短，对教育全球化带来的影响认识不足，以及依法治教的观念比较淡薄等原因，导致其对教育全球化的准备明显不足，特别是相关立法以及政策制定等明显滞后。从政策法规的层面讲，可以认为，教育全球化是一套新的游戏规则。我国职业教育要融入教育全球化进程，就必须按照市场机制运作，遵循国际教育服务的国际惯例和法规。

《中华人民共和国中外合作办学条例》（以下简称《条例》）作为我国第一部规范中外合作办学的行政法规，它的颁布表明了国家鼓励和支持中外合作办学，标志着我国在规范和管理中外合作办学方面正步入一个新的阶段。但是从另一侧面来看，《条例》也集中体现出我国职业教育对教育全球化的准备不充分。它主要存在如下问题：其一，它仅只对“外国教育机构同中国教育机构在中国境内合作举办以中国公民为主要招生对象的教育机构的活动（第二条）”适用，也只是为了“致力于培养中国社会主义建设事业的各类人才（第五条）”，而没有对我国教育机构如何抢占国际生源市场和劳动力市场作出相应规定，也就是说，它着眼点在于如何保护自身，相对比较保守，前瞻性不够，不具备全球视野。其二，职业教育作为国际教育服务贸易的优先领域，但由于职业教育和普通教育存在许多区别，普通教育和职业教育在中外教育合作、参与教育全球化进程方面应该区别对待，但是在这方面，《条例》却没有充分地顾及到，仅仅提及要对在工商行政管理部门登记注册的经营性的中外合作举办的培训机构另行规定（第六十条）。其三，在利益回报上，现行政策是不予鼓励的。该《条例》规定“中外合作办学属于公益性事业，是中国教育事业的组成部分(第三条)”，而且在《中华人民共和国中外合作办学条例实施办法》（以下简称《办法》）中更是明确规定“中外合作办学机构不得从事营利性经营活动（第二十八条)”。这非常不利于吸引国外优质教育资源，也阻碍了我国职业教育参与教育全球化进程。因为从外方合作办学的动因来看，他们的终极目的是为了自身的利益特别是经济利益而来，是一种趋利行为。其四，《办法》中提出“国家鼓励在中国西部地区、边远贫困地区开展中外合作办学（第三条)”，但没有制定在中国西部地区、边远贫困地区开展中外合作办学的优惠政策。这不能不说是一大缺陷。也因此，我国东西部职业教育发展的差距将会进一步拉大。此外，“中外合作办学机构的校长或者主要行政负责人，应当具有中华人民共和国国籍（第二十五条)”“外国教育机构、其他组织或者个人不得在中国境内单独设立以中国公民为主要招生对象的学校及其他教育机构（第六十二条)”等规定也是与职业教育的市场化运作理念相悖的。总体来看，我国政府关于中外合作办学的相关规定体现了强烈的政府主导意识，没有充分考虑到职业教育的产业属性和基于市场运作的国际教育服务理念，必须从全球化视角并按照相关国际惯例要求制定、修订、废止和完善相关教育政策法规。[1]

3. 市场导向的国际服务贸易理念对政府主导的职业教育体制的挑战

WTO 的核心规则是，资本在自由贸易下的无差别待遇和市场的不容干预，比如最惠国待遇和国民待遇、逐步自由以及加强透明度等。为此，要求参与全球化的教育机构和组织要寻求与政府通过谈判和协商，消除分歧，促使政府将办学权力下放，逐步取消限制性的政策和法规，以市场为导向，开放教育市场，并最终形成一个世界性的自由和开放的教育市场。然而，在我国，基本上实行的是集中统一的职业教育管理体制和政府举行的单一职业教育模式，以及行政权力运行机制下的职业教育机制，而这恰

[1] 《中华人民共和国中外合作办学条例》，中华人民共和国国务院公报，2004 年。

恰是和以市场为导向国际贸易服务的概念相反，从而导致政府在职业教育管得太多，管得太死，但真正需要的东西，没有政府管理，出现管理错位、越位和缺位的问题。在这样一个职业教育体制下，在我国占职业学校主体地位的公办学校，更是缺乏以市场为导向的教育自主权和独立法人资格的自主权。

三、知识经济时代的到来与职业教育

（一）知识经济的发展成为我国职业教育组织变革的重要动因

职业教育作为与社会经济发展联系最为密切的教育类型，必须深入认识和准确把握经济发展的现状及其态势，了解劳动力市场对经济发展的适应，及时了解产业结构和职业结构的变化。

知识经济自从20世纪90年代中期以来，一直成为人们关注的一个社会热点。以信息技术等高技术及其产业迅猛发展为标志的科技革命使知识经济得以兴起，反过来，知识经济的发展又成为了这场科技革命得以进一步发展的动力，成为科技革命的发展深入而迅猛的原因。专家们预测，21世纪，占据国际经济主导地位的将是知识经济。当前我国社会经济发展中，仍处于加速工业化的进程，虽然知识经济是发达国家经济发展的结果，但对于我国而言，知识经济的发展将推动我国职业教育制度和职业教育组织的变革，因此知识经济带来的影响则是挑战和机遇并存。

迄今为止，人类经历了农业经济、工业经济进入知识经济。农业经济是人类经济发展的初始阶段，在农业经济中，生产和劳动以农业和畜牧业为主，工业经济对人类社会是经济发展的第二阶段，在这个阶段，工业生产主要是因为科学不断进步，机器取代了手工工具，专门的商业部门的劳动生产率有了很大的提高，产品交换大大增加了其内容和规模，统一市场形成。20世纪中叶后，工业经济经过30年的发展后，知识经济已悄然孕育在工业经济中，知识对于经济发展的贡献越来越巨大，知识促使经济发展快速增长。

为此，1962年美国经济学家弗里茨·马克卢普根据美国从第二次世界大战以来至50年代末的社会生产发展和产业结构变化的背景，提出了“知识产业”的概念。1973年美国哈佛大学教授丹尼尔·贝尔撰写了《后现代社会的来临》一书。在这本书中，他提出了“后工业社会”的概念，描述了后工业社会的经济。他描述的“后工业社会的经济”就是知识经济。1980年，美国未来学家阿尔温·托夫勒在其代表作《第三次浪潮》中认为自从20世纪后半期以来人类开始经历第三次技术革命——信息革命，并指出“我相信我们已处在一个新的综合时代的边缘”。在《权力的转移》一书中，阿尔温·托夫勒认为随着西方工业国家进入信息时代，社会的主要力量将会由资本转向知识。1982年，未来学家约翰·奈斯比特在其《大趋势》一书中，提出了“信息经济”概念，认为“知识是现代经济社会的驱动力”，“信息经济社会是真实存在的，是创造、生产和分配信息的经济社会”。尽管还有其他一些研究机构和学者对知识经济这一概念进行了探讨，但“知识经济”概念的真正确立是1996年经济合作与发展组织（OECD）发表的《1996年科学、技术与产业展望》，这一报告中明确定义了“以知识为基础的经济”（knowledge - based economy）。总体来看，人类社会经历了农业经济时代和工业经济时代，正在进入知识经济时代，知识是经济增长和可持续发展的关键，知识经济是当代经济发展的重要趋势。可以预见，世界各国在知识经济领域的竞争必将促进生产力的大发展，对21世纪世界经济格局产生深远的影响。

然而，作为一个发展中国家，中国正处于从农业社会过渡到工业社会加速转型的过程中，工业化进程还没有完成，我们还必须面对的挑战是知识和信息。因此，可以理解为现在的知识型经济在社会和经济发展的相当长的一段时期，知识经济也是处于工业化的过程中。就整体而言，一些学者说，中国已经进入工业化中期阶段的后半期，要实现现代的知识经济时代的到来，中国的现代化将经历工业化为基础、工业化和知识为基础、以知识为基础的三个阶段。在主要以工业化为基础的阶段，在加快推进工业化和农业现代化的过程中，我们必须提高知识创新和技术创新能力，提升知识和信息基础设施，加快知识的传播和创新人才，发展知识型产业，特别是高新技术产业和以知识为基础的服务，形成农业经济、工业经济和知识经济协调发展的基本格局。这也是现在很长一段时间的社会和经济发展阶段和定位。

产业结构和就业结构也会因知识经济的崛起而必然引起转变，进而对劳动力提出新的要求。知识经济的来临既带来难得的机遇，即促使直接为社会经济发展培养劳动力的职业教育因此而改革发展，又使我国职业教育制度变革必须要面对严峻挑战。正如世界银行报告所指出的，知识经济要依靠四个支柱，其中两个支柱就与职业教育密切相关。它们是“一支受过良好教育和技能培训的劳动力大军，去创造、分享和应用知识”，“一个由公司、研究中心、大学、咨询机构以及其他组织形成的有效创新体系，源源不断地发掘世界知识贮藏，消化吸收以使其适应当地需要，以及发明新技术”。

（二）知识经济对职业教育提出了新的要求

不管知识经济产生什么影响，知识的最主要载体是人，它主要是通过人而进行的，尽管知识经济的兴起将会对人类生产领域、生活的各个领域产生重大而深刻的影响，包括生产方式、生活方式、思维方式、经济管理以及文化教育等，但人力资本和知识是知识经济发展的动力。正如世界银行报告所指出的，“知识经济正在改变全世界各种经济模式对劳动力市场的需求”，“以知识为基础的经济主要依靠想象力，而不是体力，主要依靠运用技术，而不是简单地改造原材料或者榨取廉价劳动力。在这种经济体系下，知识得以创造、获得、传播，并且为个人、企业、组织以及社区更有效地利用，从而促进经济和社会发展”。然而，高素质的劳动力是依靠教育而获得的，提高劳动力素质要以职业教育作为重要的途径。一方面，从事相关研究的学者和专家们一致认为职业教育承担着一个艰巨任务，就是对经济发展所需要的绝大多数劳动者的知识的培养，职业教育对发展知识经济起到重要作用，只有通过职业教育才能适应知识时代的要求。另一方面，社会中知识经济对劳动力的新要求、新需要又会影响到职业教育。

因此，推动我国职业教育改革和发展的重要前提和现实依据就是认真分析知识经济对劳动力及其培养劳动力的职业教育的新要求，那么知识经济对劳动力及其培养劳动力的职业教育提出了哪些新的要求呢？

1. 知识经济是信息化经济

以信息技术革命为中心，知识经济的快速发展，伴随着信息技术的发展。因此，很多人说，知识型经济是信息经济或信息化经济。信息技术的快速变化，将继续推动工业结构的不断变化，职业结构、就业结构和就业形式相应的大规模和持续的变化和调整。20 世纪 80 年代（尤其是在过去十年），随着数字技术的兴起和网络技术的发展，传统的产业结构和就业结构可以迅速发生变化，并不断调整。因此，新兴的信息技术相关产业的不断涌现，电子商务等交易方式快速扩张，社会生产和资源配置正在逐步走向网络。此外，经济信息化的过程是一个信息化改造、整合传统产业的过程，这深刻地改变着经济发展状况不同的各行各业。其对劳动力和就业的影响，首先表现在信息经济要求员工在处理信息技术方面具备信息素养的基本方面，包括利用 IT 工具和技术的信息、选择、存储、分析和综合信息等；其次，因为信息技术将继续引领产业结构和职业结构继续调整，旧职业已经消失了，不断诞生新的职业，就业人数增加会不稳定，需要及时将劳动力知识和技能得到提升和转换；再次，也是因为新的信息技术的发展，家庭工作、自我就业、兼职、远程办公、短期临时就业和其他新的就业形式不断产生。这一切都表明，随着信息技术的飞速发展，未来的就业是不稳定的，是充满风险和机遇的，需要员工能够适应。因此，迫切需要加强技能水平的学习，把主要精力放在训练和再培训，掌握新的技能，并且能够培育出创业技能的各种职业培训和其他形式的教育，并给予其新的内涵。

2. 知识经济是高技能经济

知识经济将会不断地增加对高技能人才的需求。对个体而言，具备高技能有助于提升个体的就业质量，提高其劳动生产率，增加个人的收入，从而改善个体的生活。在工业化国家，也包括许多发展中国家，只有通过技能培育，才能提高劳动生产率以及相应的一般生活水平，对国家和企业而言，高技能直接关系到社会经济的繁荣和企业的发展。正如菲利普・布朗和休・劳德所说，当今的经济繁荣取决于各国走高技能道路的能力，走高技能道路就是要利用本国人民的集体智力。我们需要创造一个技能水平不断上升、在生产力增长的基础上工资不断增加，并通过对社会集体智力的投资来消除贫困的良性循环，从而为经济提供技术熟练、积极主动而又有才干的人才。在知识经济时代，具备高技能是劳动力生存和发展的最基本条件[1]。

知识经济对我国经济发展的影响体现在当前我国劳动力市场上，表现出高技能人才大量短缺的现状。然而，知识经济需要什么样的高技能人才呢？职业教育如何培养高技能人才，会有哪些新要求呢？通过新经济和旧经济的比较来看，有人认为旧经济需要的是一种技能，一种岗位专门技能，新经济需要的是通过交叉培训并开展终身学习而最终形成的综合技能。通过对整个制造业转变生产方式的分析，有人认为旧经济下的技术是复杂、严格的，具有零部件使用标准化、新产品生产过渡的时间长以及耗资大等特点，其通过工资控制而减少成本，劳动管理简单，工人简单地重复单一任务，基本上不需要在职培训。而旧经济后期，工业技术呈现高度灵活的生产、使用模块化组件以及转产新产品比较容易等特点，其通过长期的干中学减少成本来进行劳动管理，工人从事多种专业化工作，并需要长期的在职培训，其他方面也存在显著差异，比如市场条件、生产过程、组织结构以及创新模式等。从提高就业能力着眼，有人强调各类方法与社会问题方面的专业技能和专业知识、多种职位要求的基本知识非常重要。还有人认为要在知识经济中取得成功，从专业技能的角度看，掌握综合运用工具的能力与技术技能更为重要。就高技能经济和人力资源开发关系而言，菲利普·布朗和休·劳德指出，高技能经济需要拥有一个包罗广泛的教育和培训的体系，该体系可使所有社会群体达到相对较高的水平，需要拥有一个系统化的，与学习、创新和生产相关联的技能升级过程，需要拥有一种基于坚信人人都有从技能升级和终身学习中受益的潜在能力这一认识的人类能力模式，需要拥有一种职业选拔体系，该体系对多种多样的人类才干、知识和创造力都给予重视。由此可看出，尽管如上对知识经济时代所需技能或高技能的认识有所不同，但几乎都意识到了技能和高技能的重要性，而且人们在诸多方面的认识也是基本一致的，比如要求具有能从事诸多职业岗位工作的综合技能，具备一定的创新能力，积极开展工作本位学习和在职培训，为劳动者提供终身学习的条件和机会，等等。

---

[1] 菲利普·布朗，休·劳德：《资本主义与社会进步——经济全球化及人类社会未来》，刘榜离，张潮译，中国社会科学出版社2006年版。

3. 知识经济是创新型经济

不同于传统经济，知识经济主要是通过新知识的创造、获得、传播和应用来促进经济发展的。也就是说，以知识为基础的经济才是知识经济，也可以说知识经济是以知识的创新和应用为基础的经济。知识创新表现出不同层面的创新，包括科学的创新、技术创新、体制与机制创新、管理和文化的创新。再结合旧经济和新经济的对比来分析，资本和劳动力成为主要使旧经济增长的关键驱动器，而创新和知识是驱动新经济增长的关键助力器，通过规模经济降低成本成为旧经济竞争优势的来源，而新经济竞争优势是创新、质量等。由此可见，知识和技术的创新和应用已人们视为知识经济发展的重要驱动因素。

在知识经济时代，不仅对个人发展、一个组织的生存或一个企业的竞争力来说，创新极为重要，而且对一个国家或一个民族来说，更是如此。从个体的层面看，劳动力首先要具备创新的意识和创新的能力；从组织的层面看，在知识经济中，组织的竞争优势依赖于组织通过新知识的连续产生和应用，从而对快速变化的环境产生适应的能力，知识创新能力是保证组织竞争优势的核心，而人力资源开发过程是保证这些能力的关键。基于对创新重要性的认识，在进入工业化中期阶段以后，近年来我国政府也一再强调要坚持自主创新，增强我国企业的核心竞争力，促进我国的产业结构升级，从而进一步推进我国的工业化进程。这是我国政府为了应对知识经济发展所作出的回应，也是今后很长一段时期我国企业努力的方向。然而，分析创新的来源，只能是依靠高素质的劳动力，只能是依靠包括职业教育在内的人力资源开发，特别是要重视以工作过程为导向的高技能型的学习。正如韩国学者宋丙洛所说，为了能够通过所有为组织工作的人员的竞争能力、适应能力、相互协作和知识创造性的活动，来进一步增强组织改进和个人潜力，人力资源开发作为一个组织过程，主要但不是绝对包括在工作场所中的各种正式和非正式学习、知识过程和经验的灵活多变的计划和应用。“如果人力资源开发过程在知识经济中能增加价值，那么，就需要实现从一个主要关注暂时绩效改进的思维，向一个更加注重终身学习和基于工作学习的战略的基本转变。”如上所说的“继续培训”“工作场所中的各种正式和非正式学习”“终身学习”和“基于工作学习”则主要是指开展包括职业教育在内的各种灵活多样的教育活动。联合国教科文组织早在1972年发布的《法尔委员会报告》中也指出，“在有创新性的学习社会中，支持个人学习，并不断为人们提供贯穿他们一生的教育”。

知识经济对新时期包括职业教育在内的人力资源开发提出了诸多新的要求。知识经济是以知识为基础的经济，而知识是依靠人来掌握的，因此从这个角度可以说，知识经济也是以新的人力资本为基础的经济。知识经济对职业教育的影响主要是通过围绕培养知识经济发展所需要的劳动力或人力资本来开展服务的。从如上分析可以看出，知识经济对职业教育的影响是多方面的，其中主要集中在培养目标、培养体系、运行机制以及培养模式等方面。不管你愿意还是不愿意，知识经济的到来是如此地真实，它已经还必将对我们每一个人乃至我国社会经济的发展产生重大而又深远的影响。

（三）知识经济对现行职业教育制度与组织的挑战

职业教育是通过培养人才和合格的劳动力，从而服务于知识型经济的发展，是发展知识经济的重要能量来源，是推动知识型经济发展的有效途径。面对知识经济的挑战，知识经济是培养高素质的员工队伍，这是职业教育和人力资源开发活动义不容辞的责任。由于职业教育和社会经济发展联系最密切，所以人们应该深入了解，研究和预测工业化进程的知识型经济的发展趋势、特点和要求，成为设计职业教育体系、制度的重要依据，更好地体现职业教育服务为目的的发展思路。

然而，当我们从信息化、高技能、创新型的视角对知识经济发展及其对劳动力素质和人力资源开发活动等方面加以分析后，不难看出，知识经济对我国现行的职业教育制度与职业教育组织提出了诸多非常严峻的挑战，主要体现在如下四个方面：

1. 劳动者技能提升与转换的需求对职业教育组织发展模式的挑战

如何正确处理好职业教育和劳动力市场之间的关系问题，一直受到人们高度重视。从政府和相关利益群体在职业教育的作用来看，目前对职业教育的组织发展仍然占据主导地位的是政府，由政府控制和支配，而由劳动力市场的真正需求作为职业教育发展驱动力量明显不够强大。尽管职业教育由政府主导的模式确保了所有公民有平等的受教育的机会，但它是不能运用及时和灵活的方式来满足知识经济的发展要求，满足工人提高技能和技能频繁转换的需要。由于这种模式发展的职业教育，只能满足单一技能学习，不利于多技能培养，集中体现在就业方面，就是不能真正改善劳动者的就业能力，重视一次性学习，不能实现终身学习、持续学习，仅满足特定群体的需求，不利于为有需要的更多劳动者提供职业教育的学习与培训的服务。在这种职业组织模式的框架下，发挥主导作用的职业教育机构（尤其是公立的职业教育机构），具有灵活性的民办职业教育，虽然可以满足劳动者的技能提升与转换的学习需求，却会出现严重缺位，社会力量举办职业教育的资源是非常有限的。

2. 提高劳动者综合素质的要求对传统职业教育人才培养模式的挑战

劳动者的综合素质是以多种职业技能为核心要求的，这也是知识经济对劳动者的要求，相应地，职业教育机构就必须具有培养这种素质结构的能力。而要具备这种培养能力，职业教育机构的人才培养模式要发生改变，必须以劳动力市场需求为导向，紧密联系行业企业，发挥行业企业以及其他相关利益群体的主导作用，改革当前专业设置、课程教材开发、师资队伍建设、实习实训以及考核评价等诸多方面的弊端。然而，就当前我国职业教育组织的培养模式而言，它主要是，专业设置、课程教材开发、师资队伍建设、实习实训等人才培养的关键环节都是由职业学校承担的，学校扮演着至关重要的主体角色，其突出特色是以学校、学科以及教师为中心，行业企业等的参与力度极度弱化。由此导致职业教育面向市场进行人才培养的能力非常薄弱，培养各类劳动者具有多种职业技能为核心的综合素质的目标很难实现。另一方面，由于职业学校主要开展的是学历教育，长期以来教育服务的对象一直是青少年这一特定群体。因此，只有彻底转变传统的职业教育组织的人才培养模式，才能实现知识经济背景下各类不同的培训需求，特别是满足以多种职业技能为核心的劳动者综合素质提升的要求。

3. 工作本位学习和非正式学习等需求对职业教育组织的挑战

在知识经济时代，知识经济发展对企业职业教育提出了严峻的挑战，因为劳动者开始对工作本位学习（也称“劳动生活中的学习”“在职场中的学习”“以工作为背景的学习”）和各种多样化的非正式学习产生了很大的需求，但是这种学习形式以工作为导向，重视劳动者的职业生涯发展。企业职业教育，即企业自己举办的职业教育和培训才能有利于开展工作本位学习和各种非正式学习，但是企业职业教育的现状却是整体发展水平很薄弱，没有力量承担这样的培训。在当前以学校形态的职业教育仍然是在我国职业教育体系中占据绝对主体地位，然而，这种学校形态的职业教育却不能够适应知识经济发展的需求，尚不能有效地让需求者学到职场所需要的关键性知识、技能和能力，不能形成针对性的教育和培训。我国目前的企业职业教育存在的问题还非常多，比如国家教育体系中没有企业职业教育，企业参与职业教育滞后，政府也仅仅是作出一般性的动员和鼓励，特别是始自20世纪90年代初经济转型时期的国有企业改制，一方面，行业企业办的职业教育实体（包括职工大学、技工学校等）纷纷从行业企业中分离，而另一方面以在职形式开展的岗位培训，却没有及时在企业内部重新定位，未能得到足够的重视，因此亟待建立健全与知识经济发展相适应的现代企业职业教育组织。

4. 持续的终身学习需求对当前职业教育组织的挑战

在知识经济时代，由于迅猛发展的科学技术、加快调整的产业结构以及职业岗位的科技含量的不断提高等原因，要求劳动者进行持续的终身学习。而劳动者终身学习的场所自然是各类职业教育机构，这就要求各类职业教育机构能提供满足各类劳动者灵活多样的终身学习需求，能够承担起终身教育和学习的责任，特别是增强针对各类劳动力需求开展形式灵活的培训的能力。然而，我国职业教育体系的绝对主体仍然是学校形态的职业教育，职前学历教育是各类职业学校的主要功能，而社会上的一些根据市场需求而开办的民营、私营短期培训班面对劳动者的学习培训需求是远远不足的，更谈不上承担起适应知识经济时代人们的持续的终身学习需求。因此，一方面必须制定相关政策来扩大职业教育资源的提供，积极鼓励社会资源创办新型的职业教育组织，从而提高社会力量开展职业教育的覆盖范围，另一方面必须依托当前职业学校的力量，深刻认识并大力拓展职业学校的办学功能，使其多元化，灵活化，构建出和劳动力市场紧密联系的职业教育组织的新体系。[1]

知识经济带给职业教育的影响和挑战是彼此交叉地紧密联系在一起的，是不以人们意志为转移的发展态势。经济发展水平的极大提高，产业结构持续不断的调整，职业岗位的科技含量增加，科学技术的日新月异，社会转型期就业危机的出现，以及包括教育全球化在内的全球化进程的加快等，所有这一切都对劳动力市场提出了新的要求，对直接培养劳动力的职业教育组织与机构也提出了新的挑战，推动新形势下的我国职业教育组织与制度的变革，显得尤为迫切。

[1] 世界银行报告：《全球知识经济中的终身学习——发展中国家的挑战》，国家教育发展中心组译，高等教育出版社2005年版。

第八章　创新职业教育组织合作形式

进入21世纪，为满足全球化经济和信息化社会对高素质技能劳动者的需求，世界各国的职业教育进入了一个调整、改革、创新的时期。中国在经济转型期，无论是在产业结构调整还是社会建设的需要，都急需走出中国职业教育发展与改革的创新之路。职业教育的发展与改革的核心就是在良好的职业教育机制下，首先要树立创新的职业教育组织的观念，其次是构建多元开放的职业教育组织的创新模式，最后形成适合经济转型期职业教育组织合作的教学体系。

一、建立职业教育组织合作的理念

（一）职业教育是促进就业的教育

社会和谐，国家发展都离不开社会稳定，而社会的稳定离不开就业的稳定。就业对每个人、每个家庭都至关重要。人总是通过职业这个载体来度过自己的一生的，总是通过职业这个载体来发展自己的。作为和谐社会的润滑剂，职业教育的就业导向是正确的。但是职业教育培养的人才不仅能就业，而且还要能就好业。适应劳动力市场的需要，满足社会对合格劳动力的需求，降低青年就业的门槛，解决社会就业问题，是职业教育最主要的目标。职业教育为学生从学校到工作的过渡提供有效途径。

（二）职业教育是强化创业的教育

市场、行业、职业、岗位是不断变化的，未来的新型岗位必须由具有创业意识和创业能力的人来开拓。因此，职业教育不能简单地理解为从业教育和上岗教育，而要融入创业教育。通过创业教育使学生的职业学习由一次性转向终身性、由单一性转向兼容性，为学生未来的发展奠定坚实基础。在世界各国经济发展中，中小企业发挥着极其重要的作用。在德国、瑞士、澳大利亚、印度等国家特别重视在职业教育中实施以开办小企业为目标的创业教育，开发符合职业教育特点的创业课程。例如澳大利亚的创业教育中，采用模块化课程，通过大量的案例启发学生，教会学生分析研究市场，设计创业方案，开展考核评估，激发学生的创业动机。

（三）职业教育是贯穿终身的教育

世界各国职业教育已经逐渐融入到终身教育体系，由于工作的目标、内容、组织、方式及其工具的迅速变化，导致就业的不稳定性，这就决定了一次性的职业教育无法满足一个人终身就业所需的知识与技能，只有终身学习、终身教育，才能终身就业，已成为现代劳动力市场的一条基础规律。职前与职后教育应实现有机衔接，要重视职后教育，尤其是为适应科技进步和劳动组织变化的进修类职后教育。

（四）职业教育是面向全民的教育

让所有的人有机会接受职业教育，准备就业，是人的基本权利，同时通过职业教育又能促进社会的凝聚力和整合作用，职业教育应成为全民性的教育，应能使社会所有群体的人都能入学，为全民提供终身学习的机会。

（五）职业教育是面向国际的教育（国际化合作的职教网络）

经济全球化导致世界范围内的产业结构调整，经济增长方式的转变，进而出现高技能职业人才的全球性流动与迁徙，所以基于劳动力市场的国际化分工与合作，就需要发展双边、多边的职业教育合作，关注国际的职业教育问题，建立适应全球化的国际职业教育合作网络。

二、调整职业教育管理组织的职能

（一）重组职业教育管理组织

职业教育管理体制是指职业教育管理系统的结构和组成方式，即采用怎样的组织形式以及如何将这些组织形式结合而构成一个合理的有机系统，并以怎样的手段、方法来实现管理的任务和目的。规定了中央、地方、部门、企业等在各自方面的管理范围、权限职责、利益及其相互关系的准则，其核心是职业教育管理组织的设置。职业教育管理组织及其参与者职权的分配以及各机构间的相互协调，直接影响到职业教育管理的效率和效能。

职业教育管理的组织机构设计及其职能，就是统筹协调职业教育系统的各种要素及其与其他职业教育利益者群体关系的重要保证。基于职业教育管理体制诸多弊端的剖析，特别是为了克服目前职业教育的行政管理机构太多、对职业教育的管理分割以及职能交叉重叠的现状，加强职业教育管理机构的统筹协调职能，就必须重组职业教育管理机构，调整职业教育管理职能。这是从职业教育管理机构设置及其职能划分上为职业教育管理体制的变革提供组织保证。

重组职业教育管理机构，调整职业教育管理职能，显得非常重要。以提高职业教育发展的整体质量和效益为标准，重新界定教育主管部、人力资源和社会保障部以及其他相关部门管理职业教育的职责；赋予原有职业教育主管部门新的职责，促其在整合管理各自系统内职业教育职能的基础上，同时把其他类型教育中的职业教育纳入其统一管理的范围，从整体上统筹管理各级各类职业教育。不管是公办职业教育还是民办职业教育，不管是中等职业教育还是高等职业教育，不管是职业学校教育还是职业培训、成人职业教育，不管是就业准备教育还是继续培训、转岗培训、在职提高培训，不管是学校形态职业教育还是企业的工作本位学习，抑或是其他教育类型中的职业教育，都应纳入到职业教育管理体制之中，并得到程度不同的关注。

（二）建立社会对话机制，扩大其他利益相关者的参与

“大职业教育”是特别需要行业协会、工会组织等多方参与的教育；只有充分调动其他利益相关者的参与，才能使得职业教育办学模式从封闭走向开放，才能真正把职业教育办成面向所有人的职业教育，也才能体现其特色。如果没有其他职业教育利益相关者的切实参与，那么要切实发挥职业教育管理的统筹协调职能则会非常困难。为了统筹协调职业教育系统的各种要素及其与其他职业教育利益相关者的各种关系，不仅要推动职业教育管理的组织机构重组及职能调整，而且需要建立社会对话机制，扩大其他利益相关者的参与，发挥其他利益相关者的作用。具体措施如下：

1. 多方参与的社会对话组织

针对现行职业教育管理体制在预测和了解劳动力市场的能力和资格需求、职业资格认定、专业设置、课程教学决策、实习实训、师资队伍建设、教育质量评估、捍卫劳动者的权利（包括受教育权、平等就业和自主择业权等）等方面严重失灵的弊端，因此，就应该充分发挥行业协会、工会组织以及相关群体优势，使这些领域成为他们和政府及其代理人——职业教育主管机构进行社会对话的主要内容。

2. 建立社会对话机制

为企业、行业协会、工会组织以及其他群体参与职业教育重大问题的决策、管理和对话提供制度保障。企业、行业协会、工会组织以及特定群体等利益相关者要有效发挥参与职业教育管理和决策的作用，其前提条件就是，这些利益相关者本身首先要具备参与对话和决策的能力，能真正代表其委托人发声。

三、建立职业教育合作制组织

（一）职业教育合作制组织的意义

针对当前我国社会经济发展的总体水平不高，教育投入严重不足，优质职业教育资源极为匮乏，各地区、各学校职业教育发展水平不平衡，以

及职业学校的专业设置重复和规模效益低等现实问题，整合职业教育资源，建立新型职业教育组织就显得尤为必要和迫切。新型职业教育组织的组建宗旨就是提高综合竞争力，其意义表现为：

1. 突破单一的职业教育办学体制

有利于突破单一的职业教育办学体制，推动行业企业、劳动部门及其他社会力量的深度参与，从而扩大优质职业教育的供给，同时也推动职业院校的办学模式从封闭走向开放，促进校企紧密合作办学，真正体现职业教育的办学特色，切实提高职业教育的质量和效益。

2. 打通中、高职的有效衔接

有利于促进各种类型职业教育及其与其他类型教育的沟通、衔接以及职业教育资源的共享，特别是可以在一定程度上解决困扰我国职业教育发展的中、高职衔接问题以及实现职业教育资源的优势互补（包括专业设置的更新、师资队伍的建设、实习实训设施的共享、实习实训岗位的提供、企业员工的培训以及就业渠道的拓展等），打造职业教育品牌，真正实现 $1+1>2$的功能。

3. 发挥职业教育管理的功能

有利于克服职业教育管理的条块分割弊端，切实发挥职业教育管理的统筹协调功能，同时推动职业教育机构直接面向劳动力市场办学，从管理走向经营，从而实现职业教育运行机制创新，灵活满足社会成员的多样化终身学习需求，不仅开展学历教育，而且面向劳动力市场需求，积极开展职业培训。

职业教育集团成员单位的性质复杂。它由至少两个或两个以上的职业院校和其他紧密相关的单位（职业教育主管部门、政府其他职能部门、企事业单位、行业主管部门、职业培训机构、中介机构、行业协会和科研机构等）所自愿组成，一般不具备独立的法人资格。以北京商贸职业教育集团为例，成员就包括高职院校、公办中等职业学校、民办中等职业学校、成人学校、中外大型企业、行业协会、教育机构和培训中心等。

（二）职业教育合作制组织的组建

1. 组织定位

新型职业教育组织的功能和层次是多元的，打破了传统意义上职业教育拘泥于特定地域、特定行业、特定功能和特定层次等局限，是跨地域、跨行业、多功能、多层次、综合性的教育联合体。既举办中等职业教育又举办高等职业教育，不仅实施学历教育，还积极开展职业培训、科研合作以及推动科研成果转化，为企业和社会提供各种服务。

职业教育合作组织的牵头单位是多元的，它既可以由政府及其职业教育主管部门，也可以由职业院校（既可以是中职，也可以是高职）、行业主管部门以及其他相关组织牵头，以具有专业及其他优势的职业院校（主要是国家级中等职业学校和示范性高等职业院校）为龙头，以契约和资产为纽带，坚持“共建、共享、共赢”的原则，对统筹各类职业教育、加强职业教育和其他利益相关者的关系，推动职业教育和行业企业以及劳动力市场的有机结合等发挥重要的作用。将促进和带动各地职业院校的发展，也满足和适应社会经济发展对职业教育和劳动力的要求，为社会经济发展培养一批合格的技能型人才。

2. 组建原则

（1）以资源优化配置及效益最大化为目标。职业教育组织组建的初衷和目标主要就是希望借助市场原则优化配置职业教育资源，做到优势互补，以产生尽可能大的规模效应和品牌效益，提高综合竞争力，做强、做大和做优职业教育，更好、更快地为社会经济发展培养更多合格的技能型人才。

（2）转变政府角色，出台相关政策，营造发展的良好外部环境。政府要转变角色，从管理者向引导者转变，以积极引导、宏观调控和确保质量为主，赋予职业教育组织更充分的办学自主权，不能直接涉入其内部管理。而政府实施管理的重要手段就是制定和执行相关政策法规。

（3）加强职业教育组织管理，创新职业教育组织管理体制。一般而言，职业教育组织本身不具备独立的法人资格，而且对其成员也不具备行政隶属关系，和成员单位之间只是信息沟通、平等协商和业务指导的关系。因此要加强职业组织管理，就需坚持平等协商和民主决策的原则，建立健全强有力的决策、执行和监督机制。

（4）增强行业企业及劳动人事部门等利益相关者深度参与力度。企业的参与力度大小、职业院校和企业良好合作机制建立健全与否，是衡量职业教育组织发展水平及其成熟程度的重要指标。为此政府可以采取税收和贷款等政策手段，把参与职业教育的力度作为企业税收优惠和提供贷款（甚至贴息）的条件，激励企业参与。[1]

[1] 黄尧：《职业教育学——原理与应用》，高等教育出版社2009年版。

第九章　职业教育组织融合的实现路径

构建多元开放的职业教育组织的创新模式，就是要打破各个不同性质组织之间的边界，逐步形成组织边界融合，多元参与的组织机制，最终达到办学功能多元化，满足经济转型期社会对职业教育的需求。

一、职业教育组织机制的融合

（一）建立多元参与的组织机制

建立新型的职业教育组织首先需要多元参与的组织机制。职业教育在进行办学过程中，社会中应该同时存在诸多职业教育的举办者，职业院校只是作为其中之一，而其他的各方如企业、行业、社会组织同样可以成为举办职业教育的重要主体，参与在职业教育领域中的人才培养、资源分配、资源共享等，即所谓多元参与，形成跨组织、跨部门的特征。也可以说，学校不再是职业教育在人才培养活动方面的唯一场所，因为学校的范围是存在局限性的。职业教育的指导部门需要扩展，延伸至行业组织、企业以及劳动部门，而不仅仅局限在教育部门内部，最终实现培养方式与内容、培养主体与客体等多方面的跨越，例如企业参与办学、行业参与培养标准制定等。

（二）突破学校狭隘组织的边界

我国职业教育办学的过程中，教育部门办学还是占主导的，尤其是前几年的改革将大批职业学校划归教育部门主管导致职业教育这种封闭式办学方式被进一步强化。而在工业发达国家，行业对职业教育的影响力远远大于教育行政部门。因此，我国要从机构上理顺教育部门与劳动部门之间各自在办职业教育问题上的关系，办职业教育的活动应该是一种超越部门利益的活动，而跨部门办学则是解决利益之争的重要手段。

（三）突出职业教育组织的开放性和包容性

在多方参与的职业教育组织中，各个成员的来源各异，各自都有不同的资源优势和特点。我国目前现有的职业教育组织多是在政府部门主管下的职业院校为主导和主体，虽然有部分企业或者行业参与，但是作用并不明显。因此，职业教育组织的融合就是要突破只有职业院校来主导、牵头的机制，为一些大型企业、行业，还有其他机构提供平台，充分体现改革后的职业教育组织的开放性和包容性。

二、职业教育组织办学模式的融合

（一）建立学校与学校之间的融合

作为一种实体组织，学校的边界向来较为清晰，学校的有关活动，基本上是在学校的边界范围之内所实施的。

1. 职业学校之间的边界特征

一是一般学校都有较为明确的物理边界，通常各自都会有自己的区域划定，这一点各级各类学校是基本相同的；二是学校有其明显的社会边界，社会边界的存在，是学校与其他组织明显区分的重要标志；三是学校有其各自的心理边界（亦可称为文化边界），学校自身形成的文化促使组织成员加深对学校的认同感，并在特定的术语、符号、价值观的理解上形成一定的共识。学校的组织化程度较高，是一个边界非常清晰的组织，因此，学校之间的跨界具有其鲜明特色。

2. 跨越边界的融合

从理论层面上说，学校与学校之间的融合是指职业学校要突破各自心理边界，与其他学校达成各种形式的合作，以期在职业教育资源上实现更合理的共享，并解决一些目前体制上无法突破的难题。

从实践层面上说，学校与学校之间跨界主要有两个方面：一是通过突破边界，实现中职学校与高职学院之间的有效衔接，改变目前中高职沟通不畅的状况，例如中职学校学生可以通过多种方式，在学习过程中或毕业时，进入相应的高级阶段（高职或技术本科）；二是在各个学校之间，在教育的硬件资源和软件资源的享用上，实现共同使用。如师资校际流动、相关教学设施设备的共享、专业建设与课程改革的资源共用。

3. 学校与学校之间融合的意义

一是，长期以来，发展职业教育，各个职业学校之间的工作往往都是各自为战，导致相关资源无法实现整合与利用，很多资源被闲置浪费，但是同时又有许多人享受不到应该享受的资源。新型的职业教育组织就是要打破院校之间联系松散的局面，学校之间在多个领域形成了紧密的合作，并成为利益共同体，在多个方面实现资源互用、责任共担、利益共享的局面，同时使政府有限的财力投入得到有效的优化，避免重复投资和重复建设。

二是，《国家教育中长期改革与发展规划纲要》中提出，要建设“体现终身教育理念、中等和高等职业教育协调发展的现代职业教育体系”。建立现代职业教育体系，主要取决于两个方面，一方面是职前职后实现一体化，另一方面是职业教育体系内部各类职业教育之间能够顺利沟通，互相贯通，而中高职衔接则是建设现代职业教育体系的关键与核心。在招生、人才培养等各个环节形成顺畅的合作关系，已经在改变我国中高职的人才培养设计。

（二）建立学校与企业的深度融合

1. 学校与企业之间的边界特征

与学校间跨界相异的是，学校与企业之间的融合存在一些明显的特征。从某种程度上来说，学校与学校在本质上是相同的，因此，学校这一组织之间的边界的跨越，只是一种相对简单的边界跨越，但是，学校与企业之间边界的跨越则不同。学校与企业这两类组织在本质上是不同的。学校属于非营利性的第三部门，而企业属于典型的经济组织，是第二部门，这两类组织各自的边界非常清晰、明确，差异较大，因此，这两类组织的边界跨越，也相对较为复杂，在跨界形式上存在自身的特征。

首先是从物理边界来说，职业院校与企业在物理边界上是完全不同的空间分布。其次，社会边界上，企业是以盈利为目的的经济组织，这一组织目标和使命是企业的根本目标。因此企业与职业院校有各自明确的组织使命，一为育人，一为盈利，但是由于职业教育这一活动的特殊性需要职业院校与企业之间突破各自边界。再次，心理边界上，虽然职业院校学生到企业实习实训在某种程度上已经是约定俗成的一个培养过程，但是，从企业一方来说，逐利的天性使企业不可能将一些关键部门和所有的环节都开放，让实习生参与，而且培养学生的成本也让企业无法轻易接受，因此，从心理边界上来说，即使职业院校学生到企业实习，但是，他仍然不是企业人，无法得到企业的认可，也无法真正融入到企业的生产过程中，一些关键技能的习得和培养都无法保证。[1]

2. 学校与企业融合的意义

当前发展职业教育最需要解决的是培养质量问题，而提高培养质量，仅仅依靠学校是不可能完成的，职业教育发达国家与国内的部分经验无不验证了这一点。在我国现有的职业教育办学实践和理论研究中，对学校与企业的合作探索在长期以来都是重点，同时也是问题解决的难点，如何通过适当的方式，解决职业院校与企业之间的合作问题，对职业教育的质量提高和改革发展意义重大。

一是，校企融合将有可能解决职业院校在人才培养过程中，对企业资源的需求，同时学校的有关资源更好地为企业服务成为可能。校企之间物理边界的跨越，主要在于，通过校企跨界，最初突破的是学校和企业这两个组织中的部分成员可能在组织之间通过某种方式流动，最大限度利用两类组织在各自领域内的资源优势，形成真正的“厂中校、校中厂”的发展局面，人员、设备等共用共享，如企业的技术人员能够在新型的职业教育组织中自由流动到相关的学校，作为短期或者长期的教师，弥补职业院校教师在实践经验方面缺乏的问题；在校企有效融合中，企业资源能够更顺利地为职业院校人才培养工作所利用，对改进职业教育质量、提高学生培

[1] 许涛：《职业教育集团化办学的理论分析与个案研究》，华东师范大学 2011 年版。

养水平有不可忽视的作用；而职业院校的实力进一步提升，也为企业的技术革新、横向课题、员工培训、企业文化提供服务支撑。

二是，职业教育组织下的校企融合，将有可能改变目前职业院校与企业合作的“凭关系、讲感情、不持续”的尴尬现状，形成稳定的校企合作关系，逐步发展为密切相关的“发展共同体”。这种新型的“发展共同体”超越了简单的利益关系和浅层次的短期合作关系，而是从职业院校和企业共同的长远发展角度来进行定位。换句话说，就是校企双方将从内心认同对方，这将有可能从根本上解决校企合作关系的可持续发展问题。

（三）建立社会各方办学机构之间的融合

1. 社会办学机构融合的特点

目前部分民营职业教育培训机构就是通过将优质的品牌化职业教育资源进行扩散，形成品牌化连锁运作，甚至包括职业教育的国际交流合作，这个方面做的比较成功，如印度的NIIT，我国的北大青鸟、新东方英语培训等，他们推动了职业教育与培训的标准化，内容包括培训内容、培训方式、培训手段以及相关资格证书等，这些机构具备几个非常明显的特征，一是通过抓住公共教育资源稀缺的机会，弥补了公众对各类教育资源的强烈需求愿望而公共教育资源却又无法满足的缺口；二是营利性是此类教育连锁的重要目的，也有可能在其发展到一定规模之后逐步转变为非营利性的教育组织；三是发展速度非常快，但同时竞争也异常激烈。

新型的职业教育组织就是要利用本地职业教育优质资源，通过与外地职业院校形成或紧密或松散的合作关系，形成资源扩散和品牌连锁，使职业教育与培训活动标准化，职业教育培训标准得以推广。推广的专业培训标准主要包括以下几个方面：开发培训标准、培训内容、培训方案、培训师资要求、培训流程、主要职业资格证书等。例如微软提供的“信息技术双认证”、NIIT的职业认证培训等。职业教育组织既要求与国内的其他相关培训机构的合作，同时也需要逐步成长为发展国际合作，形成境内合作与境外合作共同作用，共同推进的格局。

职业教育组织通过社会办学力量的融合（含与境外职业教育机构的跨界合作），对一些重要的职业资格标准、培训标准进行共同的合作开发，通过融合实现共同确定开发的目标专业或目标职业的培训标准，培训标准中课程、师资配备、教学资源配套等关键内容；促进成熟的专业教育与职业培训标准逐步推广，配套的职业资格证书也将在培训标准的推广过程中得到完善。其中，培训标准的效度、职业资格证书的权威性和培训工作的专业性是保证这一融合成功的关键。

2. 建立社会办学机构融合的意义

一是，有可能在我国形成一批具备鲜明特色的职业教育品牌，这是我国职业教育办出特色的关键与基础。建立职业教育组织的基础在于职业教育质量，而通过社会融合这种特殊的形式，使优质职业教育资源向其他区域辐射，可以平衡地区间的职业教育差异，优化全国的职业教育结构，形成部分职业教育的品牌。职业教育组织的融合将能极大促进职业教育优质资源扩散，推动职业教育区域统筹，平衡地区职业教育资源，尤其是职业教育欠发达地区。

二是，职业教育组织将能促进职业教育与培训规范化与标准化，提高职业教育的办学质量与办学水平，第一，职业培训标准和专业培训标准的开发使职业教育组织掌握相关职业和专业的培训标准与流程，规范相关的职业教育与培训服务，改变目前职业教育培训服务行业，尤其是学校职业教育缺乏相应的培训标准和流程、影响了培训的效率和效度的问题，而标准的制定与出台，将促进相关培训活动的标准化，加之相关职业资格证书与课程的培训的配套，将有可能建成一批职业和专业的标准化培训体系。第二，职业教育集团通过掌握培训标准，将有可能扩大职业教育优质职业教育资源的扩散能力，通过开发职业教育与培训服务的有关标准，将有可能使职业教育培训与服务进行标准化推广，扩大职业教育组织的总体影响力。

三、职业教育组织办学功能的创新

（一）建立职业教育组织的办学管理平台

按照自愿、平等原则组建的新型的职业教育组织，其参与主体包括了政府、企业、行业协会、职业技能鉴定机构、中高等职业院校等。一方面，在组织内部健全管理制度、运行机制与运行规则，积极探索职业教育的办学标准，聚集资源整合优势和力量，发挥行业、学校和企业合作育人的功能，实现产业链、教育链和利益链的融合，最终形成多方参与、共同建设、多元评价的管理运行平台。另一方面，实现组织内部成员的优势互补和资源共享平台。通过搭建信息交流平台，组织专业设置、培养目标、课程改革等的交流活动，促进师资、招生、就业、教学等方面的有效合作，实现组织内学校资源和企业资源的共享，最终满足毕业生的就业需求和企业的用人需求。

（二）建立职业人才合作培养基地

新型的职业教育组织需要开展职业人才需求调研，了解人才紧缺，指导职业院校围绕行业办专业，实现人才培养和使用的对接，建立人才的合作培养基地，为提供职业技能人才做好储备。

其培养功能的定位包括了：

1. 发布人才的需求调研报告

职业院校、行业协会和企业合作开展人才需求调研工作，发布行业企业用人需求类型、层级和数量信息，指导办学主体按照需求确定招生专业，制定招生、培训计划。

2. 联合开展招生、培训工作

根据企业用人需求类型、层级和数量，统一管理招生计划和任务目标，协同开展招生、培训工作，实行利益分享、风险共担机制，实现资源整合，优势互补，例如根据企业需求，培养“订单班”，解决企业的人才定制需求。

3. 建立企业员工的在职教育

在劳动部门、行业协会的指导下，联合研发职业技能标准，完成企业员工的职业技能培训与鉴定考核。同时可以支持企业的在职员工对学历教育、在职培训的需求，形成互认对接机制。

（三）建立职业教育教师队伍的融合机制

运用政府资助、学习培训、企业实践等平台，建设好专职教师、企业兼职教师“两支”队伍，通过校企互动机制实现队伍融合。

融合的功能包括：

（1）可以根据需要实行校企一对一的岗位互换，学校教师从学科和专业优势出发，深入企业顶岗实践，企业选派业务骨干到学校任教，实行阶段性岗位身份互换。

（2）聘请行业专家和企业的管理、技术骨干和高技能人才到学校担任兼职教师，通过在职业学校建立企业教师课堂，一方面为在校学生了解企业提供了机会，同时也为企业人员创造了深度参与专业建设与人才培养的条件。

（四）建设共享性实习实训基地

按照共建共享实训基地，建设水平国际化、规模效益最大化、校企一体化的合作模式，引进企业设备、人员、技术、岗位标准以及生产、经营和服务项目，发挥学生实习实训、企业员工培训的功能，实现既能服务于教学，又能服务于企业。

1. 共享实训基地

依托职业院校现有的实训基地，通过整合、合作、改建等方式，重点建设若干个装备先进一流、设备对接行业、技术对接企业、技能对接标准的实训基地，能够具备教学、培训、鉴定和生产等产、学、研、训一体化，满足教学和培训需求的职业教育实训基地。

2. 建设企业顶岗实习基地

整合组织内部的资源，鼓励企业接受职业院校的学生顶岗实习，遴选出一批企业成立实习基地，并形成学生实习的规模效应。同时选择有实践经验的企业管理人员、技术人员担当实习导师，参与学生顶岗实习的辅导与管理工作，加强人才质量管理，保障合格毕业生顺利就业。

（五）建设职业教育社会服务平台

发挥组织内部的资源整合力量，合作进行职业标准、人才培养标准研究，合作开展技术项目、发展战略研究，合作开展职业培训及新技术、新方法和新产品的推广应用，建立产学研互动机制和品牌。

1. 建设产学研合作中心

以项目为纽带，全面发挥智力资源优势，建立校企联合攻关制度，校企互动，为社会提供人力与智力支持。以校企战略型合作为平台，共同申请科研立项，共建咨询服务中心，合作研究企业发展战略。

2. 建立职业培训中心

发挥资源优势，共同建立培训中心，研发不同类型、不同层次的职业培训项目，开展非学历岗位技能提升培训计划，开办多类型、多规格、多形式岗位培训班，降低企业内训成本，形成“企业点菜，学校配餐”的职业培训品牌。

3. 建立职教国际合作基地

为了向行业、企业输送符合职业标准要求的技能人才，需要加强同国外职业教育机构、行业协会的交流合作，引进国际先进职业标准，推行国际知名的职业资格证书的合作项目；鼓励职业院校利用学校品牌、专业特色，开展境外合作办学和对发展中国家的职业教育培训，扩大境外职业学校教师和学生来京进修、学习和交流的规模，建立国际职业教育交流合作平台和品牌。[1]

四、职业教育组织教学的创新

（一）以实践教学和综合职业能力培养作为教学过程

1. 实践教学是高等职业教育本质要求的体现

实践教学是高等职业教育区别于普通高等教育的一个显著特点，是高等职业教育实现综合职业能力培养的重要环节，也是高等职业教育培养技术应用型人才的客观要求。高等职业教育的教学是围绕培养能力来展开的，职业能力的培养需要通过实践教学来实现。因此，高等职业教育一方面要以培养能力为理论教学的核心，明确理论知识的传授不仅仅是让学生了解和掌握，更主要的是让学生学会运用，并在工作中解决实际问题；另

[1] 余秀琴：《中国经济转型期职业教育集团化发展》，天津大学出版社 2009 年版。

一方面，技能训练和能力培养可以结合实际工作来进行，通过“模拟实训”，促进学生职业能力的养成。

实践教学包含了实验、实训和实习等几方面。实验主要是用来验证理论知识的正确性，而实训和实习则是让学生在仿真或现实的岗位上进行专业技能训练；强化实践教学，就是要注重模拟训练，结合岗位工作实际进行技能训练和能力培养，提高学生的岗位适应能力，并尽可能地让学生在职业岗位的现实环境中学习知识，锻炼能力。

加强实践教学已成为国内外高职院校的共识，并通过周密的教学计划与严格的教学管理，确保实践教学目标的实现。德国高职教育十分重视实践教学，实践教学与理论教学的学时之比为1∶1左右，规定学生在学习期间，实践教学训练不能少于2个学期。德国职业学院实行“双元制”办学模式，更重视实践教学，教学计划总学时的70%在企业实习和授课。美国社区学院的教学计划，实践性课程占总学时的40%～60%，理论教学与实践教学大体保持在1∶1的水平上。新加坡借鉴德国的“双元制”办学模式，提出了富于创新的“教学工厂”的办学理念。“教学工厂”就是采用将实际的工厂环境带入教学环境中，并将两者融合在一起。高职学校的学生每学年有8周时间到企业去实习，企业对每个学生都有严格的考核规程。学生在两年的学习中，经历了大企业各个部门的工作环境。第二年，学生的毕业项目基本上分为两类：学生制作项目和工业项目。学生有机会与老师一起动手参与厂家提供的试验计划或产品开发；有关产品从设计、测试、组装到交货，师生们都要保持最完善的专业水平。在“教学工厂”中，学生和老师通过三种渠道：工业项目及服务、教育与训练、能力发展与技术转移，为学生提供完善有效的学习过程，鼓励和开发学生的群体协作精神及实际应用能力，并确保有关的培训课程与工业界的联系。[1]

2. 综合职业能力是高等职业教育培养目标的重要内容

高等职业教育的综合职业能力要求既注重操作技能的培养，又加强智力技能的培养，更重视学生各种能力的综合运用。随着科技进步和经济活动规模的扩大，人们在职业环境中的交往和信息量将大大增加，纯个体的

[1] 美大源：《当代世界职业教育发展趋势研究》，电子工业出版社2012年版。

活动常常会被集体活动所替代，岗位的相互替代性、新型工作组织和管理机制的出现，都会使劳动力市场的不稳定性增加。因此，对于就业者的综合职业能力，特别是正确处理人际关系的能力，正确认识社会和集体合作的能力，表达和理解能力，管理和化解矛盾的能力，防范和承担风险的能力以及进一步接受教育的能力等都提出了更高的要求。

综合职业能力主要由专业能力、方法能力和社会能力三项基本要素构成。对有关专业（或专业方向）进行职业综合能力的分析与分解，是高职专业教学设计中最重要、最具特色的一项工作。以深圳职业技术学院机械CAD/CAM专业为例，它与普通高校本科专业比较就有明显的特点：①首先进行能力分析与分解，设计能力模块。将该专业学生应具备的能力分为8个方面，据此设计了计算机应用基本能力、机械设计与制造基本能力等8个模块。②完整的技能教学安排。将技能分为基本技能和专业技能两大块。基本技能包括车工、电工、钳工、机械零件CAD等7个项目的教学与训练；专业技能则包括数控编程、操作和维护、CAM软件使用以及模具CAD/CAM等7项教学，另外还有280个学时的毕业实践。③实践教学的学时比重大，占总学时的49.8%（普通高校本科专业为25%~30%）。[1]

在国际上，对综合职业能力的培养主要侧重于关键能力，或称核心能力。近年来，在职业教育中发展关键能力的问题已引起了世界范围的关注。这一问题的提出主要是为了使劳动者适应社会工作环境的三大变化，即工作组织的变化、职业结构的变化、未预见到的市场需求变化，增强职业教育学生的应变能力。虽然各国学者对关键能力内涵的解释不尽相同，但其基本精神是一致的，这就是，关键能力应具有相通性和可转换性，它不针对某种具体的职业和岗位，但无论从事哪一种职业都离不开它，它是劳动者从事任何一种职业都必不可少的跨职业的基本能力。

（二）以市场、职业和技术进行专业整合

专业设置是社会需求与实际教学工作紧密结合的纽带。专业建设是学校教学工作主动、灵活地适应社会需求的关键环节。职业教育的发展与社

[1] 来自深圳职业技术学院调研材料。

会经济、科技的发展和产业结构的调整密切相关。职业教育要根据自己的培养目标，针对地区、行业经济和社会发展的需要，按照职业岗位（群）和技术领域的实际需求设置和调整专业。

1. 面向区域经济发展的需要

区域经济是指在社会劳动地域分工基础上，随着经济发展，已经逐步形成的各具特色和以密切联系为基础的地域经济综合体。区域经济与职业教育有着密切的关系。区域经济中的产业结构、技术结构、劳动力结构以及经济效益等决定和制约着职业教育的层次、类型结构、质量以及发展速度。作为区域社会发展事业的有机组成部分，职业教育必须牢固树立服务区域经济建设的办学宗旨，坚持面向区域经济建设主战场，研究服务对象，把握需求脉搏，营造技术开发优势，担当科技转化的龙头，最大限度地实现教育资源与区域经济的整合。要面向生产、服务与管理第一线设置专业，将区域产业结构和社会人才需求的变化趋势作为确定专业主体框架的依据。

以上海市为例。汽车、通信信息设备、钢铁、电站成套设备及大型机电设备、家用电器等制造业为上海的支柱产业，为了适应这些产业发展的需要，上海的高职院校大量地开设了电子信息工程、机床数控技术、机电一体化技术等专业。为了适应产业升级对人才素质的要求，一些高职院校不断地设置新专业，如信息管理与计算机应用、计算机网络与通信管理、商贸经营管理和物业经营管理等。此外，为了适应上海区域经济的创新与发展对技术复合型人才的需求，一些新兴专业应运而生，如电子商务、物流管理、计算机应用技术等。在深圳，根据特区经济发展的需要，深圳职业技术学院确定了物流、电子等相关专业作为今后重点发展的长线专业，与此同时，也设置一些社会急需的短线专业，以小批量、高频率、快节奏为特点，为社会培养一些特殊行业的急需人才。

2. 面向产业结构调整的需要

一定的科类结构和专业结构是一定产业结构的直接反映。在市场经济条件下，我国的产业结构正处于战略调整时期，第一产业比例逐步降低，第二产业稳步发展，第三产业迅速提高。职业教育应根据产业结构调整趋势所带动的人才市场需求，相应地调整专业结构。首先要以支柱产业需求为基础。支柱产业和重点发展产业在经济结构中所占比重较大，人才需求比较稳定，这类专业一般为长线宽口径专业，如汽车检测与维修、房地产经营与评估等；其次以第三产业需求为方向。随着第三产业在产业结构中的比例日趋上升，新设置专业和现有专业调整改造要以第三产业的高新技术领域为方向，如电子商务、网络维护与管理、计算机信息管理、经纪与中介等专业。再次以特定行业或岗位需求为补充。如拍卖与典当、酒店管理、商场管理、电脑艺术设计（影视动画）等专业，这些行业有特定的人才需求，但本科专业涉足不多，形成了空白点，这给高等职业教育提供了极好的发展契机和空间。

3. 面向高科技发展的需要

现代科技的发展、经济结构的转型、产业结构的升级，极大地提升了职业岗位（群）的技术内涵，导致现代职业岗位（群）成为持续趋近高技术的动态系统，促使其由劳动密集型向技术密集型转化。

社会职业岗位出现了许多新的变化：①高新技术的广泛使用，产生了许多与其相关的职业岗位。如机器人技术员、数据处理与系统分析员、CAD/CAM维修人员、柔性加工系统操作调试与维修人员等。②第三产业的迅速发展，使社会职业岗位出现了新的分布趋势，一系列新的职业岗位（群）相继产生，如投资分析员、企业估价员、商标代理人、审计监理、广告推销监理等。③传统的职业岗位也发生了分化或复合。如会计、护理等技术操作性较强的岗位都在原有的技术水平向上拓展。这些变化无疑为高职教育的发展创造了有利条件，高职院校应抓住市场需求的有利时机，面向市场设置专业，主动适应社会的技术创新、职业发展和人才需求。

4. 培养技术型人才的专业是建立在“职业”与“技术”的基础上的

专业设置是教育与社会需求的接口，它必须敏锐地反映社会经济变化与科技发展的状态。因此，高等职业院校在进行专业设置时，一方面要以市场需求为导向，要有超前的意识，准确地预测技术创新与技术应用的发展趋势，同时要经常深入社会和市场，切实做好市场调查和人才需求分析，及时地捕捉市场的变化信息，这样才能正确地设置专业，使它的规格要求和口径宽窄能符合社会需求。另一方面，要充分考虑自身的实际，从办学规模、教学资源现状、师资队伍等发展规划和办学条件出发，集中力量，发挥优势，突出重点，办出特色。办学实践表明，专业对路则学校兴旺，否则就衰落。

（三）以社会需求与社会人的培养进行课程模式的构建

1. 课程结构模式的定位

现代高等职业教育课程的基本模式源于一般课程理论框架，主要可归纳为四种：学科中心型、问题中心型、活动中心型和能力中心型，其中，能力中心型是高等职业教育课程的特殊范型。各种具体的课程模式均由这些基本模式所衍生。每种课程模式的背后总是隐含着一种课程观，或者是几种课程观的平衡和调和。从现代高等职业教育课程模式的发展趋势来看，极端的单一“本位”课程观的课程模式已少见，均是几种课程观的综合体，并呈现出在某种课程模式中各种课程观相互补充、互相融合的趋势。因此，课程改革应博采众长，建立“多元整合”课程观，既要摆脱传统课程观的消极影响，又要避免单纯追求某种“本位”的片面性，使课程目标的确定能融各派之长，具有广泛的适应性。

从职业教育课程设置的过程看，课程有两大目标：传授知识和培养能力。这两大目标经历了较为复杂的演变过程，从传授知识与培养能力的原始结合到注重传授知识，再从传授知识与能力培养并重到今天的全面素质教育，这一发展是科学技术和经济、文化发展的直接反映，具有很强的时代特征。从职业教育课程设置的实践看，针对性与适应性这对矛盾关系如何处理，始终困扰着职业教育发展。作为就业教育，就必须针对一定的职业范围；作为学校教育，就必须有别于短期职业培训，学生应掌握较强的适应未来发展和竞争的本领。从职业教育课程设置发展看，终身教育思想和素质教育思想正在取代传统的教育思想，成为职业教育课程设置的核心理念。网络技术的发展，又将使课程设置结构发生革命性变化。

2. 课程结构模式的构建

根据以上分析，构建职业教育课程结构模式的总体思路是以适应社会需求为根本，以技术应用为主线，以培养目标所对应的职业群为基础，以人的全面发展为目标，从“范围”和“深度”去把握职业教育课程结构的三个层次（宏观、中观和微观）。根据这一总体思路，借鉴职业教育课程研究的成果，遵循职业教育课程的基本特征，应以“宽基础、活模块、多方向、人本位”的职业教育课程结构模式。

（1）“宽基础”，是指所设课程不是针对某一单一职业，而是针对相关职业群所必需的知识和技能，着眼于学生的可持续发展，为学生的继续学习打基础；着眼于专业技术的训练，培养学生的转岗能力和关键能力。“宽基础”应由四大类构成：文化课程类、工具课程类、能力培养课程类、职业群所需专业基础课程类。每一类均由一组科目组成，每一科目又由一些模块组成，供不同专业、不同学习基础、不同发展要求的学生自主选择。

（2）“活模块”，是指为适应职业群所设计的知识单元和技能单元，而以专业技术训练为主，以职业资格为导向设置课程结构，组织教学内容，着眼于能力培养。“活模块”涵盖了一个职业群中的几个甚至更多的职业所对应的“大模块”，供学校根据市场需求的变化灵活组合，供学生根据个性特点和发展取向自由选择。

（3）“多方向”，是指要增强就业的弹性和适应性。“多方向”是以基础发展为平台组织教学，前一半时间打基础，在专业大类范围内进行普通文化基础课、专业基础理论课的教学，同时还进行专业技术和技能的训练，打好较为扎实的职业素质基础。后一半时间根据市场需求和受教育者的个性、特长、兴趣确定专业方向，有针对性地进行模块整合和模块教学，同时进行技能达标模块的整合并进行强度训练，以“多方向”应对人才市场的变化和竞争。

（4）“人本位”，是指以完善学生个体人格，提高学生个体素质为目标的课程结构模式。高职教育不是培养单纯的专业人，也不是要培养单纯的职业人，而应该是培养社会人。要着眼于“人的全面发展”，教会学生“学会认知、学会做事、学会共同生活、学会发展”。要通过提高学生全面职业素质，完善其个人品格，使其成为具有时代精神，做人与做事并重的高素质的应用型技术人才。在知识经济时代和学习化社会，面对社会高科技化、理性化、学习化、竞争国际化等趋势，高职教育培养的学生不仅要有宽广的知识和技能，还要有健康的职业心理、自主创业的意识和终身发展的能力。

参考文献

[1]［美］道格拉斯·凯尔纳，斯蒂文·贝斯特．后现代理论——批判性质疑［M］．北京：中央编译出版社，1999.

[2]［美］乔纳森·特纳．社会学理论的结构（上）［M］．北京：华夏出版社，2000.

[3]［美］福克斯，米勒．后现代公共行政——话语指向［M］．楚艳红，等，译．北京：中国人民大学出版社，2002.

[4]［美］罗伯特·G. 欧文斯．教育组织行为学［M］．上海：华东师范大学出版社，2001.

[5]［美］凯瑟琳·西伦．制度是如何演化的：德国、英国、美国和日本的技能政治经济学［M］．王星，译．上海：上海人民出版社，2002.

[6]［德］刘易斯·科塞，等．社会学导论［M］．杨心恒，等，译．天津：南开大学出版社，1990.

[7]［英］琳达·克拉克，［英］克里斯托弗·温奇．职业教育：国际策略、发展与制度［M］．北京：外语教学与研究出版社.

[8]［美］威尔逊．官僚机构：政府机构的作为及其原因［M］．上海：生活·读书·新知三联书店，2006.

[9]［美］弗雷德曼．选择的共和国：法律、权威与文化［M］．北京：清华大学出版社，2005.

[10]［英］梅因．古代法［M］．沈景一，译．北京：商务印书馆，1959.

[11]［匈牙利］卡尔·博兰尼．大转型：我们时代的政治和经济起源［M］．冯钢，刘阳，译．杭州：浙江人民出版社，2007.

[12]［美］莫顿·J. 霍维茨．美国法的变迁 1780－1860［M］．谢鸿飞，译．北京：中国政法大学出版社，2004.

[13]［美］雅各布·明塞尔．劳动供给研究［M］．张凤林，译．北京：中国经济出版社，2001.

[14]［英］菲利普·布朗休·劳德．资本主义与社会进步——经济全球化及人类社会未来［M］．刘榜离，张潮，译．北京：中国社会科学出版社，2006.

[15]［法］爱弥尔·涂尔干．教育思想的演进［M］．上海：世纪出版集团，2006.

[16] Berdou, Evangelia. Organization and co－operation in open source networks［M］. New York: Rout-

ledge, 2009.

[17] Roger A. McCain. Cooperative games and cooperative organizations [J]. The Journal of Socio - Economics, 2008 (6): 37.

[18] Brinkerhoff, Jennifer M. Government - nonprofit partnership: A Defining Framework, public administration [M]. Dev. 22, pp. 19 - 30

[19] 邬志辉. 教育全球化——中国的视点与问题 [M]. 上海: 华东师范大学出版社, 2004.

[20] 胡平波. 网络组织合作创新中知识共享及其协调机制. 北京: 中国经济出版社, 2009.

[21] 吕人力. 跨组织合作的价值创造研究》[D]. 厦门大学博士学位论文, 2006.

[22] 汪锦军. 共服务中的政府与非营利组织合作——条件、模式与制度. [D]. 北京大学博士研究生学位论文, 2009.

[23] 张钟汝, 范明林. 政府与非政府组织合作机制建设——对两个非政府组织的个案研究 [M]. 上海: 大学出版社, 2010.

[24] 米靖. 中国职业教育史研究 [M]. 上海: 上海教育出版社, 2009.

[25] 李向东, 卢双盈. 职业教育学新编 [M]. 高等教育出版社, 2005.

[26] 黄尧. 职业教育学——原理与应用 [M]. 高等教育出版社, 2009.

[27] 谢长法. 中国职业教育史 [M]. 陕西教育出版社, 2011.

[28] 米靖. 中国职业教育史研究 [M]. 上海教育出版社, 2009.

[29] 马作宽. 组织合作与竞争 [M]. 北京: 中国经济出版社, 2009.

[30] 姜大源. 当代世界职业教育发展趋势研究 [M]. 北京: 电子工业出版社, 2012.

[31] 黄尧. 职业教育学——原理与应用 [M]. 北京: 高等教育出版社, 2009.

[32] 杨丽波. 职业教育社会伙伴关系研究 [J]. 华东师范大学学报, 2012.

[33] 王孙禺. 高等教育组织与管理 [M]. 北京: 高等教育出版社, 2008.

[34] 张新平. 教育组织范式 [M]. 南京: 江苏教育出版社, 2001.

[35] 何福田, 等. 教育组织系统化经营与系统评鉴 [D]. 台北: 国立教育研究院筹备处, 2006.

[36] 杨振升. 教育组织变革与学校发展研究 [M]. 台北: 五南图书出版股份有限公司, 2006.

[37] 孙宵兵. 中国民办教育组织与制度研究 [M]. 北京: 中国青年出版社, 2003.

[38] 曹淑江. 教育制度和教育组织的经济学分析 [M]. 北京: 北京师范大学出版社, 2004.

[39] 张弘勋. 教育组织集体协商之研究 [D]. 海外学位论文, 2004.

[40] 郭庆. 中国教育中介组织研究: 机构诠释与发展对策 [M]. 北京师范大学博士论文, 2004.

[41] 鞠光宇. 营利性高等教育组织办学模式研究 [J]. 中国人民大学博士论文, 2008.

[42] 孙善学. 从职业出发的教育 [J]. 职业与教育. 2011 (22).

[43] 段素菊, 庄曼丽, 董新稳, 贾玉洁. 企业参与职业教育: 现状、问题与对策——基于对北京部分大型企业的调查分析 [J]. 中国职业技术教育, 2012 (3).

[44] 行业协会参与职业教育研究综述［J］．中国职业技术教育．2011（6）．
[45] 刘邦祥，程方平．解读德国新颁《职业教育法》及相关法规［J］．中国职业技术教育．2008（6）．
[46] 王东，张慧霞．行业企业参与职业教育的本土经验及启示［J］．职业技术教育．2011（16）．
[47] 李露．论“全国教育会联合会”对民初教育立法的影响［J］．学术论坛．2000（3）．
[48] 孙广勇．民国初期全国性教育团体群落论［J］．韶关学院学报（社会科学）．2007（8）．
[49] 王立祥．我国职业教育管理体制的历史嬗变及改革方向［J］．职业技术教育．2011（19）．